ओत्तेरेकी

(व्यंग्य संग्रह)

डॉ. कीर्ति काले

डायमंड बुक्स

www.diamondbook.in

प्रकाशक : डायमंड पॉकेट बुक्स (प्रा.) लि.
X-30, ओखला इंडस्ट्रियल एरिया, फेज-II
नई दिल्ली-110020
फोन : 011-40712200
ई-मेल : sales@dpb.in
वेबसाइट : www.diamondbook.in
संस्करण : 2022

OTTEREKI (Vyang Sangrah)

by *Dr. kirti Kale*

भूमिका

अभिनंदनीय है डॉक्टर कीर्ति काले की व्यंग्य धर्मिता

डॉक्टर कीर्ति काले हिंदी की मूर्धन्य कवयित्री हैं। इनके गीतों की लोकप्रियता भारत और भारत के बाहर तक है। वे एक सशक्त लेखिका भी हैं, प्रस्तुत संकलन यह तथ्य सिद्ध करता है। कहा भी गया है "गद्य कविणाम् निकषं वदन्ति" इस पर वे खरी उतरती हैं। प्रस्तुत व्यंग्य संकलन डॉक्टर कीर्ति काले का प्रथम संकलन है। मैंने उनके व्यंग्य सोशल मीडिया पर पढ़े थे। पाठकों द्वारा काफी सराहे जाते रहे। यहाँ एक साथ 33 व्यंग्य पढ़कर कीर्ति काले की व्यंग्यधर्मिता और व्यंजनाभित्यक्ति की अद्भुत रेंज देख सका हूँ। अभिनंदन। हिंदी के गद्य-व्यंग्य-साहित्य को समृद्ध करने हेतु।

व्यंग्य लिखना आसान नहीं होता। व्यंग्य के नाम पर चुटकुले, हास्य विनोद, टिप्पणी, शब्दों की जगलरी प्रचुर मात्रा में पत्र-पत्रिकाओं में प्रकाशित होते रहे हैं। सही व्यंग्य रचना कचोटती भी है और सोचने को भी विवश करती है। इसकी परिणति इसीलिए करुणाजनित होती है। सोद्देश्य सार्थक व्यंग्य लेखन गंभीर चिंतन के साथ-साथ व्यंग्य भाषा को एक मौलिक भंगिमा देता है। कीर्ति काले के व्यंग्य लेखन में व्यंग्य भाषा की एक विशिष्ट प्रवृत्ति "शब्द क्रीड़ा" अत्यंत समर्थ और सार्थक रूप में दृष्टिकर होती है। साथ ही भाषा विषयक बहुग्राह्यता भी उनकी व्यंजना की ताकत को बढ़ाती है। सासत्व बोध, लचकदार ठसक, साजिशों के ब्लैक होल, बुराइयों की भाप, रिश्ते की रपटीली सड़क, फाइव स्टारीय नाज-नखरे, सासपने का केमिकल रिएक्शन, सम्मानों का अभेद्य किला, आग में केरोसीन, छपाऊ कवि, डफाचूक, टन्नाट फोटो, जान खींचूं मुस्कान, बैलेंस शोकसभालू, चपड़गंजू और अंटालूपन आदि कतिपय उदाहरण हैं। उनके व्यंग्य व्यंजक शब्द जो उनकी मौलिकता को भी दर्शाते हैं। एक ओर अंग्रेजी, फारसी, उर्दू के विदेशी शब्द हैं, तो दूसरी ओर ठेठ आंचलिक देसी शब्द जो उनके व्यंग्यों की पठनीयता को बढ़ाते हैं। उनके गढ़े हुए शब्द

उनकी मौलिक उद्भावना के परिचायक हैं। मौलिक लेखन में शब्द जिस संवेदना के माध्यम से उद्भासित होकर रचनाकार को लेखनी उठाने को प्रेरित करते हैं, वही किसी भी रचना का मूल बिंदु या आधार है जिसके कारण रचना का उठान होता है। कीर्ति काले ने अपने आसपास के खूब देखे, भोगे परिवेश से अपनी अनुभूति के आधार पर संवेदना के ऐसे कण लिए हैं जिन्होंने इन्हें विवश कर जागरण के स्वर प्रदान किए।

वे मंच की प्रथम पंक्ति की चंद कवयित्रियों में हैं जिन्हें सुनना काव्यास्वादन करना है। जिनकी साहित्यिकता और सांस्कृतिक चेतना अपसंस्कृति और भ्रष्टाचार के विरुद्ध है। मंच के कारण की गई यात्राएं, विभिन्न प्रवृत्तियों वाले नागरिकों से मिलना, अर्थ प्राप्ति के सूचक लिफाफों की वैल्यूएशन करने के कारण उन्हें विषद् अनुभव होते रहे हैं। झूठे मानव के कच्चे मन और गच्चे देते तेवर उन्होंने खूब देखे हैं। विपरीत भयावह कलुषित स्थितियों के मध्य अपनी अस्मिता और साहित्यिकता को उन्होंने बचाए रखा है। ऐसे अनुभवों के लिए गीत से अधिक उन्हें गद्य व्यंग्य लेखन विधा के रूप में अधिक उपयुक्त लगा। उन्होंने मानवीय दूषित प्रवृत्तियों पर लिखा है। संतोष है कि व्यक्ति पर इस संकलन में कम और प्रवृत्ति पर अधिक ध्यान दिया है। धरने की बात में या रोजगार का बाजार, सम्मान प्राप्ति के दूषित प्रयत्न हों अथवा मंच से साहित्य के खारिज होने के, अध्यापन एवं अध्यापक के बेचारेपन का सवाल हो या अवसर के हिसाब से रंग बदलने का, छोटे शहर की आत्मीयता अथवा महानगर की विभीषिका की तुलना हो या फिर तथाकथित फैशनेबल छद्म प्रगतिशीलता या फिर देखते हुए बूझते हुए भी मुंह बंद रखने का मेहनताना लेते कायर लोग। व्यंग्य लेखिका ने सामाजिक बुराइयों, बौद्धिक दिवालियापन, अर्थ के लिए अनर्थ होता देख अपने व्यंग्य बाणों से सार्थक संधान किए हैं। लेखिका के संकलन में मंच जीवी वातावरण का सच खूब उभर कर आया है। मंच, मंच के कविकुल पर लिखकर उन्होंने आत्मव्यंग्य का परिचय दिया है। आत्मव्यंग्य की सर्वश्रेष्ठता सिद्ध है। सबकी ओर उंगली दिखाने वाला जब स्वयं की ओर तर्जनी करे, व्यंग्य सर्जना का उत्कृष्ट है। कवि/कवयित्री वर्ग के खोखलेपन की तस्वीर खूब उजागर हुई है। कामिनी के प्रति कामना के घृणित रूपों का सशक्त चित्रण है "मंच है टंच" में। बौद्धिक दिवालियापन और साहित्यिकता की ऐसी-तैसी है "साहब हम कबीर के वंशज हैं" में। "ठहाकों की ओवरडोज" में भी इसी दिवालियापन की डोज़ मिलेगी पाठक को।

अपने देश में व्यंग्य लेखन हो और राजनेताओं पर ना हो यह संभव नहीं है। दरअसल भ्रष्ट नेताओं के कारण ही साहित्य में व्यंग्य का इतना बोलबाला हुआ है। हरिशंकर परसाई से लेकर आज की पीढ़ी तक के व्यंग्यकार राजनीति (दूषित) परक व्यंग्य बहुतायत में

लिखते रहे हैं। देखा जाए तो पहले आधुनिक साहित्य के प्रणेता भारतेंदु हरिश्चंद्र अपने राजनीतिक व्यंग्य के प्रभाव के कारण ही नवजागरण के अग्रदूत कहलाते हैं। कीर्ति काले कृत "पुरस्कार कबाड़ने के शर्तिया फार्मूले", "गिरगिट के भी बाप" जैसे व्यंग्यों में भ्रष्ट नेताओं पर पर्याप्त प्रहार किए गए हैं। मुझे व्यक्तिगत रूप से इस संकलन में स्त्री विमर्श, अध्यापक बनाम शिक्षा विमर्श भी बहुत प्रभावी रूप से दिखे। तथाकथित मॉडर्न महिला का भी खूब खाका खींचा है लेखिका ने। "प्रगतिशील महिला सम्मेलन" और "ओफ्फोह" के नाम उदाहरणार्थ देना चाहता हूँ।

कीर्ति काले के शिल्प की दो विशेषताएँ मैं अवश्य उल्लिखित करूंगा। एक तो नाटकीयता और दूसरी कथात्मकता। इतिहास गवाह है कि जिन व्यंग्यकारों के पास कथात्मक शिल्प और शैली थी/है वह तनिक बड़े कद के रहे। कीर्ति कथा बुनती हैं, संवाद योजन करती हैं, किस्सागोई का अंदाज रखकर घटनाक्रम की सरसता, रोचकता और जिज्ञासा को बढ़ाती हैं।

प्रायः प्रत्येक संकलन में कुछ ऐसी भी रचनाएं होती हैं जिन्हें अपेक्षाकृत कमजोर कहा जाता है। देखना यह होता है कि विद्वत्ता की कसौटी पर कितनी कसकर सामने आती हैं। जैसा कि किसी भी वस्तु, तत्व या व्यक्ति के स्वभाव के साथ होता है। इस संकलन में प्रायः सभी रचनाएं आश्वस्त करती हैं। डॉक्टर कीर्ति काले को बधाई कि प्रथम व्यंग्य संकलन में ही उन्होंने कीर्तिमान स्थापित कर दिया। यह पाठकों के साथ-साथ व्यंग्यकारों को भी उत्कृष्ट लग सकेगा। आमीन

हरीश नवल

वरिष्ठ व्यंग्यकार

पूर्व विभागाध्यक्ष, हिन्दी विभाग

हिंदू कॉलेज, दिल्ली विश्वविद्यालय

65-साक्षरा अपार्टमेंट, A-3, पश्चिम विहार,

नई दिल्ली - 110063

व्यंग्य विधा में स्वागत है

डॉ. कीर्ति काले देश की उन गिनी-चुनी कवयित्रियों में से हैं जिन्होंने मंचीय कविता को तो गरिमा प्रदान की ही है, पत्र-पत्रिकाओं में भी अपनी रचनाओं का लोहा मनवाया है। कविताओं के अलावा बीच-बीच में उन्होंने गद्य लेखन की बानगी भी दिखाई है जिसमें विभिन्न विषयों पर उनके आलेखों, संस्मरणों आदि ने खास तौर पर प्रभावित किया है। विगत कुछ समय से उन्होंने गद्य व्यंग्य की दुनिया में प्रविष्टि ली है। सोशल मीडिया पर उनके व्यंग्यों से अक्सर गुजरता रहा हूं और उन्हें पढ़कर हमेशा यह लगा था कि इन्हें पूरी गंभीरता से व्यंग्य में आना चाहिए। कारण कि गद्य व्यंग्य के क्षेत्र में नई आमद होने के बावजूद, उनके लेखन में कच्चापन कम ही देखने को मिला। कथ्य का निर्वाह, प्रौढ़ व्यंग्य भाषा, शिल्प पर नियंत्रण और प्रस्तुतिकरण की नवीनता उनके लेखन की महती विशेषताएं हैं।

कीर्ति, व्यंग्यकार के पास विषयों की कतई कमी नहीं है। विषयों की विविधता उनकी शक्ति है। उन्होंने साहित्यिक, शैक्षिक, मीडिया, फैशन, राजनीति, सोशल मीडिया आदि विभिन्न क्षेत्रों की विसंगतियों के चेहरों से मास्क हटाए हैं। संग्रह की अधिकांश रचनाएं जनोन्मुखता और गंभीर सरोकारों की पैरवी करते हुए, प्रहारक मुद्रा में दिखती हैं तो कहीं-कहीं कुछ रचनाएं विसंगतियों पर हल्की सी चुटकियां लेकर आगे बढ़ जाती हैं, तो कुछ इन सबसे अलग आपके अधरों पर मुस्कान लाने में भी प्रयासरत नज़र आती हैं। इस संग्रह की विशिष्ट रचनाओं में स्वतंत्रता दिवस-चाय पकौड़े और देशभक्त बुद्धिजीवी, गिरगिट के भी बाप, न्यू अर्वाचीन ग्लोबल स्कूल, साहब- हम कबीर के वंशज हैं आदि का उल्लेख किया जा सकता है।

उनकी भाषा व्यंग्यानुकूल है और रचना के अनुसार अपने स्वरूप में बदलाव लाती है। इसी कारण उसमें देशज शब्दों के साथ अंग्रेजी आदि भाषाओं के शब्दों का प्रयोग

भी देखने को मिलता है। शैलीय उपकरणों के प्रयोग की बात करें तो कीर्ति, वक्रोक्ति और वाग्विदग्धता दोनों के बीच संतुलन बनाकर चलती हैं। उनके व्यंग्य में अतिशयोक्ति, प्रतीकात्मकता आदि शब्द शक्तियों का भी अच्छा प्रयोग देखने को मिलता है जिससे व्यंग्य की तीक्ष्णता में वृद्धि होती हैं।

कुल मिलाकर डॉ. कीर्ति काले का यह संग्रह उनके व्यंग्यकार के भविष्य के प्रति आश्वस्त करता है। व्यंग्य के पाठक निसंदेह इस संग्रह का खुले दिल से स्वागत करेंगे, इसका मुझे पूरा विश्वास है।

इसी के साथ, शुभकामनाओं सहित।

– सुभाष चंदर
वरिष्ठ व्यंग्यकार एवं आलोचक
गाजियाबाद, उत्तर प्रदेश

आत्मकथ्य

नमस्कार

सबसे कठिन मुझे आत्मकथ्य लेखन ही लगता है। रचनाओं में स्वयं को पूरी तरह उड़ेल देने के पश्चात ऐसा कुछ शेष बचता नहीं है जो अतिरिक्त रूप से कहा जाए। मैं अपने व्यंग्य लेखन के बारे में स्वयं क्या कहूँ? वो तो पाठक एवं समीक्षक कहेंगे।

व्यंग्य विधा को समग्र रूप से परिभाषित करना हो तो मेरी दृष्टि में :-

1. व्यंग्य करुणा की राजधानी है।
2. व्यंग्य विसंगत को संगत बनाने की चुटीली कवायद है।
3. व्यंग्य विद्रूपता को उघाड़ती हुई तेज़ आँधी है।
4. व्यंग्य हास्य का कपड़छान है।
5. व्यंग्य समाज का सफ़ाई कर्मचारी भी है और सजग प्रहरी भी है।
6. व्यंग्य एक वैक्सीन है जिसकी सुई चुभती तो है लेकिन वायरस के प्रकोप से बचाती भी है।

एक प्रश्न बार-बार मुझसे पूछा गया कि गीत रचते-रचते मैं अचानक गद्य व्यंग्य में कैसे आ गई?

अपने लेखकीय अनुभव के आधार पर कहूँगी कि अनुभूति अभिव्यक्ति का पथ स्वयं खोज लेती है। रचनाकार का अनुभूत सत्य, उस सत्य के आवेग की तीव्रता एवं सत्य की प्रकृति सर्जना के क्षणों में लेखन के प्रारूप का स्वयं चयन कर लेती है। अपने चित्त पर उभरे हुए चित्र को पाठक एवं श्रोता के चित्त पर अक्षरशः वैसा का वैसा छाप देने की असीमित ललक ही रचनाकार की आन्तरिक जद्दोजहद है। सम्भवतः इसी को रचनाकर्म कहते हैं।

अभी तक मेरा पद्य स्वरूप ही श्रोताओं एवं पाठकों के समक्ष प्रकट हो सका, गद्य स्वरूप नहीं। इसका सही-सही कारण यह है कि मेरी रचना प्रक्रिया कुछ ऐसी है कि कविता और विशेषकर गीत चलते-फिरते, गुनगुनाते हुए पूरे हो जाते हैं और गद्य बैठक माँगता है। मुझे जीवन ने अभी तक इतनी देर तल्लीनतापूर्वक बैठने का अवकाश ही नहीं दिया। ऐसा

नहीं कि व्यंग्य के विषय और भाषा मेरे पास नहीं थी। विषय भी थे और भाषा भी थी, साथ ही लिखने की इच्छा भी थी लेकिन विषयों को व्यंग्य बनाकर कागज़ पर उतारने का समय नहीं था। विवाह से पूर्व मेरे लेख स्थानीय समाचार पत्रों में निरन्तर प्रकाशित होते रहे हैं। विवाहोपरान्त घर-गृहस्थी, पति, जजगी, बच्चे, सास-ससुर, नाते-रिश्ते, व्यवहारों की ऐसी चकरी चली कि मैं चक्करघिन हो गई। नवजात शिशु को दूध पिलाते हुए, नहलाते हुए, उसकी पॉटी साफ करते हुए, थोड़ा बड़ा होने पर खाने का कौर लेकर उसके पीछे-पीछे भागते हुए, उसे गोदी में लेकर सिर सहलाते हुए, थपकी दे-देकर सुलाते हुए, चूल्हे पर तवा चढ़ाकर चकले पर गोल-गोल रोटी बेलते हुए गीत तो गाया जा सकता है लेकिन गद्य कैसे लिखा जा सकता है? मस्तिष्क में व्यंग्य के विषय आते थे, मस्तिष्क में ही ताने-बाने बुने जाते थे और वहीं विसर्जित हो जाते थे। अब थोड़ा अवकाश मिला तो गद्य लेखन की पुरानी चाहत सिर चढ़कर बोलने लगी। इसी चाहत के परिणामस्वरूप यह पुस्तक आपके समक्ष है।

आरोप लगते हैं कि व्यंग्य लेखन के क्षेत्र में महिलाएँ पीछे हैं, पुरुष आगे हैं। कटु सत्य है कि पुरुष आगे इसलिए हैं क्योंकि घर सम्हालने वाली सहधर्मिणियाँ पूरी ताकत और समर्पण भाव के साथ उनके पीछे हैं। घर गृहस्थी फुल टाइम नहीं डबल टाइम जॉब है। अब तो महिलाएँ घर और बाहर दोनों में टॉप हैं। घर से बाहर कार्यक्षेत्र के विस्तार के कारण महिलाओं का अनुभव संसार व्यापक हुआ है। व्यंग्य लेखन के लिए अनुभव क्षेत्र का विस्तार कच्चे माल की तरह काम करता है। इसीलिए अब अनेक महिलाएँ व्यंग्य लेखन के क्षेत्र में मजबूती से कदम बढ़ा रही हैं।

महिलाएँ तो स्वभाविक रूप से व्यंग्यकार होती हैं। जीजा-साली की छेड़छाड़ हो, देवर-भाभी की नोंक-झोंक या पति-पत्नी की तनातनी, सर्वविदित है कि हर मोर्चे पर जीत महिलाओं की ही हुई है। व्यंग्य बाणों का संधान करते हुए कहन के ऐसे नायाब सुभाषित गढ़ती हैं महिलाएँ कि विपक्ष का अभिमान पूरी तरह निरुत्तरित होकर उनकी प्रत्युत्पन्नमति के समक्ष लम्बायमान हो जाता है। यह सत्य है कि अपनी जन्मजात व्यंग्य क्षमता को सही दिशा देकर लिपिबद्ध करने में वे अवश्य कुछ पीछे रही हैं लेकिन यह भी उतना ही सत्य है कि शिक्षा के प्रचार-प्रसार के साथ सशक्तिकरण के दौर में महिलाओं ने कलम को औजार बनाया है।

मेरी व्यंग्य चेतना को प्रभावित एवं प्रोत्साहित करने वालों में सबसे पहला नाम है श्री सुरेन्द्र दुबे जी (जयपुर) का। मैंने उन्हें व्यंग्य गढ़ते और मंच पर सफलतापूर्वक पढ़ते हुए प्रत्यक्ष रूप से कई बार देखा। एक-एक शब्द के अभिधार्थ, लक्षणार्थ, व्यंग्यार्थ को

जाँचते-परखते देखा। शब्दों के प्रभाव का बहुआयामी आकलन करते हुए देखा। उनके साथ के समय में ही मेरे मस्तिष्क में सुषुप्त व्यंग्य ने चहलकदमी करना प्रारम्भ किया। उस दौरान व्यंग्य की चहलकदमी को कागज़ पर उतारने का समय नहीं मिल सका। अनेक विषय आए और मस्तिष्क के कम्प्यूटर की हार्ड डिस्क में स्टोर होते चले गए।

मेरे व्यंग्य लेखन का कागज़ पर उतरना कोरोना का साइड इफेक्ट है। इसी समय मुझे तल्लीनतापूर्वक बैठकर लिखने का भरपूर अवकाश प्राप्त हुआ। मैंने लिखा और लिखकर फेसबुक पर पोस्ट किया। मेरी पोस्ट पर अनेक विद्वानों की उत्साहवर्धक प्रतिक्रियाएँ प्राप्त हुईं।

माध्यम संस्था के संस्थापक एवं व्यंग्य की एक मात्र सम्पूर्ण मासिक पत्रिका "अट्टहास" के सम्पादक श्री अनूप श्रीवास्तव जी ने निरन्तर मेरे व्यंग्य लेख प्रकाशित करने प्रारम्भ किए। साथ ही अनेक प्रतिष्ठित पत्र-पत्रिकाओं की ओर से व्यंग्य भेजने के आग्रह आने लगे। नियमित स्तम्भ लेखन करने के भी सम्मानजनक प्रस्ताव प्राप्त हुए। इन प्रशस्तियों से मेरे लेखन को गति मिली। पुस्तक प्रकाशित करने के पीछे भी श्री अनूप श्रीवास्तव जी के आदेशात्मक आग्रह ने उत्प्रेरक की भूमिका निभाई। उनके स्नेहासिक्त मार्गदर्शन के लिए हार्दिक आभार।

अब जब कलम चली है तो रुकेगी नहीं। एक व्यंग्य लेख लिखने के दौरान ही अनेक विषय टिल्ली-लिल्ली दिखाते हुए मेरी आँखों के आगे नाचने लगते हैं और कहते हैं कि हमें लिखो, जल्दी लिखो वरना हम भाग जाएँगे। और मुझे लिखना पड़ता है। मुझे लग रहा है कि मैं ऐसी रेल में बैठ गई हूँ जिसका टिकिट लगातार एक्सटेंड होता जाता है। इस रेल का कोई अन्तिम स्टेशन नहीं है। अब बस चलना है, चलना है और चलते ही रहना है।

मेरे प्रयास पर स्नेहवर्षा करने वाले समस्त गुणीजनों की भी मैं हृदय से आभारी हूँ। श्री सुरेन्द्र शर्मा जी, डॉ. अशोक चक्रधर जी, श्री अनिल जोशी जी, श्रीमती सूर्यबाला जी, श्री सुभाष चन्दर जी, श्रीमती स्नेहलता पाठक जी, डॉ. हरीश नवल जी, श्री गिरीश पंकज जी, श्री आलोक पुराणिक जी, श्री रामकिशोर उपाध्याय जी, डॉ. आभा सिंह, श्री प्रेम जनमेजय, सुश्री भारती पाठक, श्री सुभाष काबरा जी, श्री मुकुल महान जी, समीक्षा तेलंग जी, श्री बुलाकी शर्मा जी, श्री अरुण अर्णव खरे, अर्चना चतुर्वेदी जी एवं अन्य सभी। इस पुस्तक पर आशीर्वाद स्वरूप अपनी टिप्पणी लिखकर आप सभी ने मेरा मान बढ़ाया है।

जीवनसाथी श्रीकान्त काले जी का प्यार भरा साथ सदा रहा है और रहेगा। आभार शब्द कहकर मैं उनके प्रेम को छोटा नहीं करना चाहती।

प्रत्यक्ष एवं परोक्ष रूप से टांगखिंचाई करने वालों से करबद्ध निवेदन है कि कृपया

अपने कार्य को गम्भीरतापूर्वक निर्बाध रूप से जारी रखें। आपका सतत असहयोगीकृत सहयोग मुझे ऊँची उड़ान भरने का हौसला देता है।

परमपिता परमात्मा के चरणों में व्यंग्य लेखों का प्रथम संग्रह श्रद्धापूर्वक समर्पित करती हूँ, क्योंकि सबसे बड़ा व्यंग्यकार तो वो ही है।

डॉ. कीर्ति काले

बी-702, न्यू ज्योति अपार्टमेंट, प्लॉट नम्बर 27,

सैक्टर 4, द्वारका, नई दिल्ली - 110078

मोबाईल- +91-9868269259, +91-9810098188

ईमेल - kirti_kale@yahoo.com, kavayitri.kirtikale@gmail.com

विषय सूची

1. धरना

सफलता की सीढ़ी भीड़ के कन्धे पर खड़ी होती है।
भीड़ जुटाने का सामान बनो, बाद में भीड़ को ही धुनो।

धरना देने जा रहे थे कि धर लिए गए। धरा भी पुलिस ने होता तब ठीक था लेकिन हमाई ऐसी किस्मत कहाँ! पुलिस धरती, धारा लगाती, एकाध धर भी देती तो क्या? हम मीडिया की नजर में तो आते। मीडिया की नजर में आते तो चौबीसों घण्टे टीवी के पर्दे पर हमई हम छा जाते। मीडिया की नजर में हम न्यूज़ होते। इसलिए जब तक वो कोई दूसरी न्यूज़ उत्पन्न नहीं कर पाते तब तक एक्शन रीप्ले कर करके चौबीसों घण्टे यूज़ होते।

खेद रहित रचना वापस भेजने तक की जहमत न करने वाले अखबारों के फ्रन्ट पेज पर हमाई फोटू छपती। छपती तो वो भी देखती। देखती तो मुस्कुराती। मुस्कुराते हुए सीने से लगाती और सो जाती। सुनहरे सपनों में खो जाती। और हम आए हाए..

अखबार तो उसका बाप भी पढ़ता। हमाई फोटो छपी देखता और उसका हाथ हमाए हाथ में देने के लिए कुलबुलाने लगता।

हम रातों-रात स्टार बन जाते। गली स्तरीय सड़ियल सभा से झाड़ू मारकर बाहर कर दिए गए हम निखट्टू को केई शाह अपने कर कमलों से ससम्मान पार्टी का टिकट देने के लिए लम्बायमान होकर आते।

कोई सन्देह नहीं कि बड़े-बड़े फिलिम निर्माता हमाई जिन्दगी पे फिलिम बनाने के लिए बदबदाती हुई नालियों के बीच बने हामाए अमीरखाने के बाहर लाइन लगाते। हम किसी को भाव नहीं देते। तुम जैसे केई चपड़घिन्नू तो घण्टों खड़े रहकर हमारा ओटोग्राफ लेते।

हमाई लिखी सायरी को चवन्नी छाप बताने वाले केई छद्मविभूषण हमें महान बताते। हम पे कहानियाँ रचते, उपन्यास निकलवाते। कच्छा पाँचवीं डबल फेल हम। हमाए साहित्य पर पीएचडियाँ बँटतीं। विश्वविद्यालयों के मेन गेट पे हमाई फोटू लगती। हम यूथ आइकोन कहे जाते।

सनसनीखेज़ टॉपिक जानकर कविगण हमाए नाम पे लम्बी-लम्बी कविताएँ हाँकते। अपने बारे में जैसा हम भी नहीं जानते वैसा थाँपते। श्रोता उनके लच्छेदार जुमलों के तालाब में लगाते गोते पर गोता। कवि सम्मेलनों में तालियों का पाण्डाल फाड़ू महोत्सव होता।

जेई मैंने कही कि कैसी भी तिकड़म भिड़ाओ। चोरी करो, बैंक लूटो, डाका डालो या अश्लील ठुमके लगाओ। कुछ भी करके एक बार फेमस हो जाओ। फिर जिन्दगी भर चाँदी काटो और शहद चाटो। सफलता की सीढ़ी भीड़ के कन्धे पर खड़ी होती है। भीड़ जुटाने का सामान बनो, बाद में भीड़ को ही धुनो।

मजमा जमाने का सामान बनने के लिए टीवी पर दिखना, अखबारों में छपना, फेसबुक, वॉटसप, यूट्यूब पर छाना चाहिए। उसके लिए बेशर्मी से, पूरे आत्मविश्वास के साथ झूठ बोलना आना चाहिए। ये गुण तो हममें कूट-कूटकर भरा है। बस एक बार मीडिया की नजर में आना है फिर तो दुनिया मुट्ठी में और ठोकर में जमाना है।

लेकिन...

धरना देने जा रहे थे कि हमें हमाए जालिम बाप ने ही धर लिया। और हम स्टार बनते-बनते रह गए।

काश हमें पुलिस धरती, हमाई फोटू टीवी पर दिखती, अखबार में छपती तो आज हम भी एक स्टार होते। स्टार साथ देते तो एक मिनट भी नहीं खोते। आश्चर्य नहीं कि हम आज राष्ट्रपति या प्रधानमंत्री पद की शपथ ले रहे होते।

**

2. रोजगार का बाजार

बेवकूफ हैं वो लोग जो रोजगार के लिए रोते हैं। हम तो जहाँ भी नज़र डालते हैं, रोज़गार के नए अवसर उत्पन्न होते हैं। कौन कहता है कि हमारा देश रोजगार के मामले में लाचार है। तिकड़मी बुद्धि और जुगाड़ू दृष्टि हो तो चारों तरफ रोजगार ही रोजगार है।

कौन कहता है कि हमारा देश रोजगार के मामले में लाचार है। तिकड़मी बुद्धि और जुगाड़ू दृष्टि हो तो चारों तरफ रोजगार ही रोजगार है। लकड़ी के बुरादे से जीरा बनाओ, लाल मिर्च पाउडर में ईंटों का चूरा मिलाओ, धनिया पाउडर में गधे की लीद मिक्स करो और सुबह से शाम तक भन्नाट इन्कम फिक्स करो। डिटर्जेंट से दूध बनाने का कारोबार आजकल जोरों पर है। इसलिए सबसे अधिक पैसा इन मिलावटखोरों पर है।

एक युवक से पूछा कहाँ नौकरी करते हो? उसने ठसके से उत्तर दिया- नौकरी की आस रखना बेकार है। अपना तो खुद का कारोबार है। मैंने पूछा कैसा कारोबार? वो बोला- उत्तर थोड़ा ट्रिकी है। दरअसल मेरी काजू बनाने की फैक्ट्री है। अन्य देशों में अभी भी काजू पेड़ों पर उगाए जाते हैं लेकिन हमारा देश विश्व गुरु है। यहाँ बाकायदा फैक्ट्री में बनाए जाते हैं। आजादी के इतने वर्षों में हमने आत्मनिर्भरता की नित नई ऊँचाइयाँ छुई हैं। यही वो रत्नगर्भा धरती है जहाँ काजू के अलावा पत्ता गोभी, चावल, आदि बनाने की सैकड़ों फैक्ट्रियाँ उत्पन्न हुई हैं।

नकल करने के रोजगार में तो हम संसार में नम्बर वन हैं। हमारा नहीं कोई मेल है। महंगी से महंगी ब्रांडेड चीजों के डुप्लीकेट बना लेना हमारे लिए बाँए हाथ का खेल है।

देश की राजधानी दिल्ली और दिल्ली का दिल केनॉट प्लेस। यहाँ के एक बड़े मार्केट में किया दिलचस्प वाकया फेस। इसमें जींस की पेंट और जैकिट बनाने का है बड़ा कारोबार। हर दुकान पर लिखा है आज नकद कल उधार। मनचाहा कपड़ा पसन्द कीजिए,

नाप दीजिए और किसी भी ब्रांड का स्टीकर लगवाइए। केनॉट प्लेस घूमिए, लौटते हुए ले जाइए।

बड़े-बड़े उद्योगपतियों आप किस फरेब में हैं? संसार की सारी नामी-गिरामी कम्पनियाँ तो इन जैसे नकलचियों की जेब में हैं। मेड इन यूएसए का ठप्पा लगे बर्तनों पर मत इतराना। हमारा सुपर इंटेलीजेंट डुप्लीकेट माइंड एक मिनिट में आपका गुरूर धो सकता है। मेड इन यूएसए का मतलब उल्लासनगर स्टील एसोसिएशन भी हो सकता है।

काम न मिल पाने के कारण जीवन से हताश होकर आत्महत्या करने का विचार आया हो तो छोड़ दीजिए। मेरी मानिए, स्वयं को नए रोजगार से जोड़ लीजिए। श्योर शॉट पैसा कमाऊ काम है। हींग लगे न फिटकरी रंग चोखा ही चोखा। न झूठ, न फरेब, न धोखा। ऊँची-ऊँची फेंको, कमाओ और खाओ। मोटे धनवानों के मोटिवेशन ट्रेनर बन जाओ। आजकल ये धंधा उफान पर है। इसमें शत्-प्रतिशत सफलता, वाकपटुता और आप के आत्ममुग्ध बखान पर है। समझ में नहीं आया हो तो समझाती हूँ। आप जैसे नौसिखियों को उदाहरण देकर बताती हूँ। जैसे जो स्वयं इंजीनियर डॉक्टर नहीं बन पाते वो डॉक्टरी, इंजीनियरी के कोचिंग चलाते हैं। खुद फेल हुए लोग दूसरों को पास होने के नुस्खे बताते हैं। वैसे ही अपनी असफलता को अवसर में तब्दील करो। मोटीवेशनल स्पीकर बनकर धनवानों के धन से खूब अपनी जेबें भरो।

सोशल मीडिया के दौर में कवि बनना भी अच्छा रोजगार है। ये सस्ता भी है, आसान भी। इसमें धन भी है, सम्मान भी। वो जमाने गए जब कविता एक तपस्या थी। राम की शक्ति पूजा लिखने वाले महाकवि निराला तक के सामने जीवन भर समस्या ही समस्या थी। अब तो सोशल मीडिया से पाँच कवियों की पंक्तियाँ, लतीफे, टिप्पणियाँ, स्टाइल और ड्रैसिंग सैंस मिलाकर पंचारिष्ट बनाओ। यू ट्यूब, फेसबुक पर व्यूवर्स बढ़ाओ और कवि सम्मेलनों में छा जाओ। जीरो इन्वेस्टमेंट, नो रिस्क, हाईएस्ट प्रॉफिट। जो जँच गया वो हिट। नहीं लगाना एक भी छदाम। उस पर आम के आम, गुठलियों के दाम।

झूठ बोलने, धोखा देने में लज्जा का अनुभव न होता हो, नहीं हो आत्मा-वात्मा जैसी कोई चीज़, थूक कर चाटने की हो टन्नाट प्रैक्टिस। तब कोई रोकने वाला नहीं है। आप बहुत ऊपर तक जा सकते हैं। धड़ल्ले से राजनीति में आ सकते हैं।

बेवकूफ हैं वो लोग जो रोजगार के लिए रोते हैं। हम तो जहाँ भी नज़र डालते हैं, रोज़गार के नए अवसर उत्पन्न होते हैं।

धरना देने, आन्दोलन करने, दंगा भड़काने का रोजगार, रेल में रूमाल बिछाकर बर्थ रिजर्व करने का रोजगार, कवि सम्मेलन में कवियों के लिफाफों में से नोट निकालने का

रोजगार, सड़क पर कीलें बिछाकर एक्सीडेंट करके यात्रियों को लूटने का रोजगार, झूलाघर के बच्चों से भीख मंगवाने का रोजगार, लाशों के गले से चेन, उंगलियों से अंगूठियाँ, जेब से पर्स चुराने का रोजगार, आपरेशन करते हुए मरीज़ की किडनी निकालने का रोजगार, कन्या भ्रूण को गर्भ में मारने का रोजगार, धर्मभीरू अन्ध श्रद्धालुओं को बेवकूफ बनाने का रोजगार।

आदि आदि आदि...

रह गए न हक्के-बक्के। बोलिए क्या मन है?

ये तो हमारी कम्पनी का मात्र विज्ञापन है। आप सोच भी नहीं सकते उतने रोजगार हैं। एक-दो-तीन नहीं, कई हजार हैं। मुफ्त में इतनी ही बताऊंगी। रजिस्ट्रेशन और कंसल्टेशन फीस जमा कराओ तब डिटेल में समझाऊंगी।

**

3. सासपने का सूचकांक

पुत्र के पैदा होते ही माता के मस्तिष्क में सासपने का कैमिकल रिएक्शन प्रारम्भ हो जाता है। परिणामस्वरूप उसके व्यक्तित्व में अनेक भौतिक रासायनिक परिवर्तन होने लगते हैं। क्रियाएं-प्रतिक्रियाएं प्रारम्भ हो जाती हैं। फलस्वरूप भावी बहू के साथ प्रतिस्पर्धा का भाव विकसित होता है। पुत्र के प्रति अतिरिक्त मोह इन्हीं क्रियाओं-प्रतिक्रियाओं का बाईप्रोडक्ट है।

सास बनने की भनक से ही भारतीय महिला की चाल में लचकदार ठसक आने लगती है और उसका चलन आशंका के घेरे में घिर जाता है।

पुरातत्व विभाग द्वारा सास-बहू सम्बन्ध के प्रागैतिहासिक वृक्ष के अवशेषों के उत्खनन पर हुए गहन शोध से ज्ञात हुआ है कि सासत्व बोध की लचकदार ठसक की जड़ें बहुत गहरी हैं।

जीव वैज्ञानिकों द्वारा प्रस्तुत एक रिपोर्ट के अनुसार पुत्र के पैदा होते ही माता के मस्तिष्क में सासपने का कैमिकल रिएक्शन प्रारम्भ हो जाता है। परिणामस्वरूप उसके व्यक्तित्व में अनेक भौतिक रासायनिक परिवर्तन होने लगते हैं। क्रियाएं-प्रतिक्रियाएं प्रारम्भ हो जाती हैं। फलस्वरूप भावी बहू के साथ प्रतिस्पर्धा का भाव विकसित होता है। पुत्र के प्रति अतिरिक्त मोह इन्हीं क्रियाओं-प्रतिक्रियाओं का बाईप्रोडक्ट है।

मनोवैज्ञानिक शोधों के अनुसार सास बहू टाइप धारावाहिकों के गर्भ संस्कार गर्भवती माता के साथ-साथ गर्भ में पल रहे भ्रूण के मस्तिष्क में भी साजिशों के ब्लैक होल्स तैयार करने लगते हैं। अनुकूल परिस्थितियां पाकर (सास बनने पर) ये ब्लैक होल्स सम्बन्धों के रस को पूरी तरह पी जाते हैं और टारगेट (बहू) सामने दिखते ही जलन, ईर्ष्या, असुरक्षाबोध जैसी भावनाओं को उगलने लगते हैं। ललिता पवार ब्रांड फिल्में सासपने को विकसित करने के लिए आग में कैरोसीन का काम करती हैं।

एकता कपूर के धारावाहिक एवं "सास बहू और साजिश" देख-देखकर बड़ी हुई महिलाओं में विशेष सौन्दर्य शास्त्रीय परिवर्तन दृष्टिगोचर होता है। सास बनते ही बहू की सुन्दरता के अनुपात में सास के होंठों पर लिपिस्टिक का शेड स्वाभाविक रूप से गहरा होता जाता है। मेकअप की पर्तों में भी आशातीत बढ़ोतरी होने लगती है। ब्लाउज की आस्तीनें शनैः-शनैः छोटी होते-होते अन्ततः विलुप्त हो जाती हैं और माथे पर बिन्दी का आकार सासपने की मात्रा के अनुपात में बढ़ने लगता है। बहू और बेटे की बातचीत को दरवाजे के पीछे छिपकर सुनने की प्रवृत्ति में इजाफा हो जाता है। बहू और उसकी सहेलियों की तरह ड्रेस अप होकर स्वयं को युवा फील करवाने की भावना अपने शबाब पर पहुँच जाती है।

खुलकर जी लो जिन्दगी, पचास के बाद नई शुरुआत जैसे जोशीले प्रायोजित सन्देश सोशल मीडिया पर पढ़कर नई कोंपलों से होड़ लेने की दौड़ में सासूजी की सैंडिलें शनैः-शनैः ऊँचायमान होने को आतुर दिखाई देती हैं। ब्यूटी पार्लर के पैकेजेस की सूची का सूचकांक दिन-प्रतिदिन चढ़ान के नए कीर्तिमान स्थापित करने लगता है।

दृश्य - 1

कम पैसौं में अधिक देर तक यात्रा कीजिए। इंडियन रेलवे की सेवाएँ लीजिए।

हुआ यूं कि मैं भारतीय रेल की विलम्बित सेवा का आनन्द लेते हुए कहीं जा रही थी। सामने वाली बर्थ पर लगभग साठ वसन्त पार किए हुए प्रौढ़ नौजवान दम्पत्ति बैठे थे। काफी देर तक मुँह फुलाए, ऐंठे-ऐंठे थे। मैं समझ गई कि हो न हो सासपने का चक्कर है। फिर भी कन्फर्म करने के लिए पूछ लिया कहाँ से आ रहे हैं आप? बस पूछने की ही देरी थी कि उनके मुंह से निकलने लगी बुराईयों की भाप। नौजवान प्रौढ़ा शुरू हो गई। क्या बताएँ इतने दिन क्या-क्या सहे हैं। बेटे के यहाँ से लौट रहे हैं। हमारा बेटा जितना सीधा है बहू उतनी ही तेज है। पूरी अंग्रेज है। बेटा बेचारा ऑफिस से थका-मांदा लौटता है और वो महारानी उसे लिस्ट पकड़ा देती है। जाने क्या-क्या मंगवाती रहती है। रोज खाना बाहर से आता है। पिज्जा, बर्गर, चाऊमीन, मैगी-ठैगी और न जाने क्या-क्या खाया जाता है। अब जेई मैंने कही, जब तक हमारे अंडर में रहा तब तक बाहर का खाने को नहीं कहा। हम घरई में सब पूड़ी, कचौड़ी, मिठाई बनाते थे। खुद खाते थे, सबको भरपेट खिलाते थे। अब महारानी के राज में होटलों से खाना आ रहा है। जाने क्या-क्या उल्टा-सीधा मंगवाया खाया जा रहा है। बहू के घर से आई भरी-भराई सासू बोलती चली गई। शिकायतों की पिटारी खोलती चली गई। सारी बातों का यही था निचोड़ कि :-

हम हैं फुर्तीले, बेटा है सीधा बहू है आलसी, खर्चीली, पलंगतोड़।

और भी पता नहीं क्या-क्या कसीदे काढ़ दिए सासत्व बोध से ग्रसित नौजवान प्रौढ़ा ने। तभी कहानी में मजेदार टर्न आया। नौजवान प्रौढ़ ने जोशीली आवाज में फ़रमाया- तुम भी क्या खाकर उतना काम कर सकती हो जितना मेरी माँ करती थी। चूल्हे पर खाना बनाती थी, चक्की पीसती थी, कुँए से पानी भरती थी। खेतों में काम करने से लेकर बच्चों को पढ़ाना, घर की पूरी जिम्मेदारी निभाना तो तुम्हें अपनी सास से सीखना था। फिर बहू पर चीखना था। पति के मुँह से अपनी सास की प्रशंसा को सीनियर बहू कैसे सहन कर सकती थी। उसने अपने बेकाबू होते पति को आड़े हाथों लिया। पिछले सात जन्मों का हिसाब-किताब तारीख वार सहित गिनवा दिया। और शुरू हो गया सास घात दो। तू-तू, मैं-मैं नॉन स्टॉप पैसा वसूल शो।

दृश्य - 2

मेरी पड़ोसन बहू को बेटी बताती थी। खूब लाड़-लड़ाती थी। जब भी मुँह खोलती बहू की तारीफ में बोलती। सब कुछ ठीक चल रहा था। सास बहू के रिश्ते की रपटीली सड़क पर खतरनाक मोड़ तो तब आया जब सास के लाड़ के प्रभाव में बहू भी स्वयं को बेटी समझने लगी। बेटी की तरह खुलकर हँसने लगी, बेटी की तरह देर से सोकर उठने लगी, बेटी की तरह सहेलियों के साथ घूमने फिरने लगी, बेटी की तरह ज़ोर-ज़ोर से बोलने लगी, निक्कर टी-शर्ट पहनकर डोलने लगी। धीरे-धीरे पड़ोसन का सासपना फन उठाने लगा। उसे बहू में दोषों का भण्डार नजर आने लगा। अब हँसमुख बेटी से बहू हो गई बदतमीज़। सास भी शनै:-शनै: पहनने लगी साड़ी से सलवार कमीज़। आजकल दोनों में होड़ है। फैशन और स्मार्टनेस की जबरदस्त दौड़ है। सम्बन्धों के रन वे पर दोनों की गति सीमा बढ़ती जा रही है। एक्सीडेंट की जबरदस्त आशंका नज़र आ रही है।

एकता कपूर क्वालिटी की फैशनेबल नारीवादी झंडाबरदार आधुनिकताओं से करबद्ध निवेदन है कि अपने भड़काऊ भाषणों और पाश्चात्य प्रभावित लेखन से रिश्तों के उपवन में सुगन्धित पुष्पों के बीच कँटीले कैक्टस न लगाएँ। सम्बन्धों में भ्रम फैलाने की बजाए ये बताएँ कि सम्बन्ध कैसे निभाएँ। हर रिश्ते की होती है अपनी खूबसूरती और मर्यादा। उतारकर फेंकिए नकली लबादा। भारतीय पारिवारिक गंगा को निश्छल, निर्मल बहने दें।

बहू को अच्छी बहू और सास को अच्छी सास ही रहने दें।

आप सोच रहे होंगे मैंने ये धाराप्रवाह धारा क्यों बहाई? इतनी लम्बी राम कहानी क्यों सुनाई? तो भाइयों और बहनों, मेरे प्यारे देशवासियों, मैं भी इस रन वे पर दौड़ लगाने आ रही हूँ। बधाई दीजिए जल्दी ही सास बनने जा रही हूँ।

**

4. सम्मान दो सम्मान लो

खोखले आत्मसम्मान पर विजय प्राप्त कर हमने आत्मनिर्भरता का रास्ता अपनाया और अपना सम्मान समारोह स्वयं ही आयोजित करवाया।

बुजुर्गों से सुनते आ रहे हैं कि सम्मान देने से सम्मान मिलता है। बचपन में यह बात समझ में नहीं आती थी लेकिन जब से इस मुंए साहित्य ने अपनी चपेट में लिया है तब से हमारे भी सम्मान चक्षु पूरी तरह खुल गए हैं। बुजुर्ग कितने भी सठियाएँ लेकिन सठियापे में भी कहते ठीक ही हैं। अपने पंच वर्षीय सुदीर्घ साहित्यिक जीवन को भरपूर जीने के बाद भी जब कोई पुरस्कार या सम्मान प्राप्त करने का अवसर नहीं आया तब हमारा भेजा सम्मानित होने के लिए बुरी तरह भड़भड़ाया। अनेक सम्मान समारोहों के सभागारों में एक श्रोता की महत्त्वपूर्ण संख्या बढ़ाते-बढ़ाते दिन पर दिन बीतते गए लेकिन गली-मोहल्ला स्तरीय सम्मान तक का ऑफर नहीं आया। हमारा सम्मान पिपासु कलेजा कसमसाया। एक-दो वर्ष की अल्प अवधि वाले शिशु साहित्यकार भी जहाँ-तहाँ सम्मान पाने लगे हैं, अपने नाम से पहले डॉक्टर, साहित्य वाचस्पति, काव्य गौरव टाइप के विशेषण लगाने लगे हैं और हम जैसे पंचवर्षीय योग्यता रखने वालों को जीभ चिढ़ाने लगे हैं। सम्मानों के अभेद्य किले की दीवार में सेंध लगाने की युक्ति सोचते-सोचते भेजा फ्राई होने लगा है। लेकिन कोई रास्ता नहीं मिल पाने से आपा खोने लगा है।

एक युक्ति सूझी

पहले छः महीने साहित्यिक दद्दुओं की अटैचियाँ उठाईं, चरण पादुकाएँ साफ कीं, उनके लिए बीड़ी सिगरेट आदि आदि की व्यवस्था जुटाई लेकिन सारे दद्दा घुटे-घुटाए घाघ निकले। अपने सम्मान पर सम्मान करवाते रहे। स्वयं बधाईयों की मलाई उड़ाते रहे और हमें खाली कुल्हड़ पकड़ाते रहे। अब न्यूटन की गति का नियम हमारे सामने अपने अर्थ खोलने लगा है। सोते जागते यही बोलने लगा है कि जैसे प्रत्येक क्रिया की बराबर किन्तु

विपरीत प्रतिक्रिया होती है वैसे ही बिना कुछ दिए कुछ नहीं मिलता है। बिना मरे स्वर्ग नहीं दिखता है। अपनी इज्जत अपने हाथ। जैसे पैसा, पैसे को खींचता है वैसे ही सम्मान, सम्मान को खींचता है। आत्मनिर्भरता ही सफलता की कुंजी है। इन सूक्तियों के गूढ़ रहस्य सिर चढ़कर बोलने लगे हैं। अपने अर्थ स्वयं ही खोलने लगे हैं। खोखले आत्मसम्मान पर विजय प्राप्त कर हमने आत्मनिर्भरता का रास्ता अपनाया और अपना सम्मान समारोह स्वयं ही आयोजित करवाया।

फूल, माला, शॉल, श्रीफल, माइक, वक्ता, श्रोता, फोटोग्राफर, चाय, बिस्कुट का इंतजाम हमने भेरेंट किया। क्या हुआ जो स्वयं का सम्मान स्वयं को दिया। सम्मान पत्र पर अपने सम्मान में स्वयं ही कसीदे काढ़कर छपवाए। घर के बरामदे में सम्मान समारोह के बैनर भी खुद ही लगाए। अड़ौसियों-पड़ोसियों को बेशर्मी से 10-10 बार टाइम-बेटाइम फोन कर-कर के बुलाया। हमारी मेहनत रंग लाई। सम्मान समारोह में दस श्रोताओं की भारी-भरकम भीड़ उमड़ कर आई। मुख्य अतिथि स्कूटर द्वारा लाने और पहुंचाने के फाइव स्टारीय नाजों नखरों के साथ पधार गए और माइक पर आते ही तब तक बोलते रहे जब तक दस के दसों श्रोता उबासियाँ ले लेकर घर नहीं सिधार गए। जैसे भी हो सम्मान हुआ। बाकायदा ससम्मान हुआ। सम्मान समारोह की विभिन्न कोणों से खींची गई फोटुएँ हमने सोशल मीडिया पर महीने भर तक क्रमशः इस धूमधाम से चिपकाईं कि चारों तरफ हमारा सम्मान समारोह ही देने लगा दिखाई। तीर निशाने पर लगा। हमारा सोया हुआ भाग्य जगा। वो दिन है और आज का दिन हमने पीछे मुड़कर नहीं देखा। लांघते रहे चाटुकारिता और बेशर्मी की रेखा पर रेखा।

अनेक मोहल्ला स्तरीय, नगर स्तरीय, जिला स्तरीय, संभाग स्तरीय, राज्य स्तरीय और अब तो राष्ट्रीय और अंतरराष्ट्रीय संस्थाओं के अनेक सम्मान पत्र हमारे शो केस में सजे हैं। हम जान गए हैं कि सम्मान देने और लेने में मजे ही मजे हैं।

**

5. मंच वर्सेस शाहित्य (साहित्य)

पहुँचे हुए साहित्यवादियों का मत है कि जो कविता याद रह जाए वो क्या कविता? और जो बिना समझाए समझ में आ जाए वो क्या साहित्य?

जरूरत से ज्यादा छप चुकने के बाद भी श्रोताओं की तालियाँ और वाहवाही सुनने का चाव इतना बलिष्ठ है कि माने या ना माने लेकिन किसी हद तक ये अधिकांश छपने वाले कवियों का अभीष्ट है।

मंचीय कवियों को देखते ही नाक-भौंह सिकोड़ने वाले छपाऊ कवि ने मानदेय का लिफाफा दोगुना करके आयोजन समिति को लौटाने का वादा किया तब जाकर मुहल्ला स्तरीय कवि सम्मेलन में काव्यपाठ करने का आमंत्रण लिया।

जब से आमंत्रण लिया है तभी से सोच रहे हैं कि सम्मेलन में क्या सुनाएँ? एक-एक मिनिट की पाँच हजार कविताएँ अभी तक उनकी लेखनी से नि:सृत हो चुकी हैं और निरन्तर नि:सृत होती जा रही हैं। उस पर तारीफ यह कि इतनी विपुल साहित्य सर्जना करने के बावजूद उनकी लेखनी अभी चुकी नहीं है। ये अलग बात है कि जिन-जिन पत्र-पत्रिकाओं में वो छपीं उनमें से अधिकांश चुक चुकी हैं। विशाल साहित्यिक भण्डार में से तय करना बहुत कठिन है कि किसे छोड़ें और किसे चुनें। कौन सी कविता प्रस्तुत करें जिसे श्रोता चाव से सुनें। सोते-जागते, खाते-पीते, उठते-बैठते मस्तिष्क यही उधेड़-उधेड़कर बुन रहा है कि ऐसी कौन सी कविता सुनाएँ कि तालियों की गड़गड़ाहट से आसमान हिल जाए, बाकी सारे कवियों की मंचीयता धूल में मिल जाए। वन्स मोर का शोर इस कदर छाए कि भविष्य में होने वाले सारे कवि सम्मेलनों की डोर उन्हीं के हाथ में आए।

पहले जब-जब भी कवि सम्मेलन का आमंत्रण लिया है तब-तब सड़े हुए अंडे टमाटरों ने पूरी तबीयत के साथ उनका स्वागत किया है। इस बार ऐसा न हो इस बात का रख रहे हैं पूरा ध्यान इसीलिए छेड़ रखा है एक-एक मिनिट की पाँच कविताएँ छाँटकर उन्हें कण्ठस्थ करने का महा अभियान।

वे वस्तुत: वस्तुवादी कवि हैं। जो-जो वस्तुएँ उनके सम्पर्क में आती हैं वो-वो उनकी कविताओं के विषय बन जाती हैं। जूते, चप्पल, मोजे से लेकर चश्मा, छाता, छड़ी और अधो वस्त्रों तक पर उन्होंने दृष्टि गड़ाई है। इसीलिए इतने अधिकारपूर्वक प्रचुर मात्रा में उन पर लेखनी चलायी है। चार लाइन की कविता की चालीस पेज की समीक्षा लिखवाकर छपवायी। लेकिन घोर साहित्यिकता देखिए कि चार लाइनों में से आधी लाइन भी उन्हें याद नहीं हो पायी। उनके जैसे पहुँचे हुए साहित्यवादियों का मत है कि जो कविता याद रह जाए वो क्या कविता? और जो बिना समझाए समझ में आ जाए वो क्या - साहित्य ?

लेकिन इस बार झोल है।

कवि सम्मेलन के निमंत्रण की डील करने के पश्चात स्थिति अत्यधिक डांवाडोल है, विकट समस्या है। चार लाइनें याद करना भी उनके लिए बहुत बड़ी तपस्या है। उनकी आज तक की साधना का यही सार है कि जिस कवि द्वारा लिखी गई कविता पाठक, श्रोता तो क्या स्वयं कवि तक को याद न रहे उसे ही सौ फीसदी टंच साहित्यकार कहलाने का अधिकार है।

लेकिन मंच पर जाना है तो उसके थोड़े-बहुत कायदे-कानून तो निभाना है।

मंचीय कवि कई किलोमीटर लम्बी कविताएँ भी कैसे पटर-पटर बोल देते हैं और यहाँ एक लाइन बोलने में दस-दस बार पॉज लेते हैं।

कविताओं के बाद नम्बर है पोशाक का। कौन सी पोशाक पहनें जिसमें वे मंच पर होते हुए भी मंचीय न दिखें। धोती-कुर्ता, पेंट-शर्ट, नहीं-नहीं सफारी सूट। इसमें श्रोता सम्भवतः नहीं कर पाएँगे हूट।

जैसे-तैसे सम्मेलन का समय आया। जीवन्त श्रोताओं और रसवन्त कवियों से पूरा पाण्डाल जगमगाया। अनजान संचालक महोदय ने उनकी शान में इतने कसीदे काढ़े कि साहित्यकार महोदय भीतर ही भीतर से होने लगे गाढ़े। जैसे-तैसे माइक पर आए। सामने श्रोताओं की घनघोर उपस्थिति देखकर चकराए। सोचने लगे कि इस जनता को क्या सुनाएँ। जूता सुनाता हूँ तो छाता छूट जाएगा। छाता सुनाऊं तो चश्मा रूठ जाएगा। इसी कशमकश में माइक पर चुपचाप खड़े रहे। इतनी देर में श्रोताओं के सब्र का बांध गया टूट। इस बार भी साहित्यकार महोदय पूरी तबीयत से किए गए हूट।

इस घटना के पश्चात वे दोगुनी गम्भीर साहित्यिकता ओढ़ने लगे हैं। मंचीय कवियों को देख कर और अधिक जोर से नाक-भौंह सिकोड़ने लगे हैं। बन्द कमरे की गोष्ठियों में नित नए साहित्यिक प्रतिमान गढ़ते हैं। ये अलग बात है कि अकेले में आज भी 'मंच पर सौ फीसदी सफल कैसे हों' टाइप की किताबें पढ़ते हैं।

**

6. हाईजिन

नज़र बदलते ही नज़ारा बदल जाता है। जब तक उससे परिचय नहीं था तब तक दुनिया को देखने का नज़रिया अलग था लेकिन जब से उसके इश्क का पागलपन सवार हुआ है तब से हम उसकी आँखों से दुनिया देखते हैं। अब हमारी आँखें केवल आँखें नहीं रहीं, सूक्ष्मदर्शी हो गई हैं।

पागलपन की हद तक किसी को चाहना क्या होता है ये हमसे पूछिए। जब से वो हमारी जिन्दगी में आया है कसम से दुनिया ही बदल गई है। सोते-जागते, उठते-बैठते, चारों ओर पगलाए से हम उसी को खोजते हैं। उससे पल भर की दूरी बर्दाश्त नहीं होती। उसकी कमी धड़कनों की गति बढ़ा देती है। दिल बेचैन हो जाता है, साँसें तेज़ चलने लगती हैं। किसी को इस हद तक चाहना भी क्या ठीक है? लेकिन चाहते हैं तो चाहते हैं।

नज़र बदलते ही नज़ारा बदल जाता है। जब तक उससे परिचय नहीं था तब तक दुनिया को देखने का नज़रिया अलग था लेकिन जब से उसके इश्क का पागलपन सवार हुआ है, तब से हम उसकी आँखों से दुनिया देखते हैं। अब हमारी आँखें केवल आँखें नहीं रहीं, सूक्ष्मदर्शी हो गई हैं।

उससे इश्क का सिलसिला आज से दस साल पहले अमेरिका में शुरू हुआ। वैसे तो उसके चर्चे यहाँ तक छन-छनकर पहुँच रहे थे लेकिन अमेरिका में तो हर कोई उसका दीवाना दिखा। घरों में, सड़कों पर, ट्रेन में, बस में, रेस्टोरेंट्स में, स्कूल में कहाँ नहीं था वो। हर एक की जुबान पर बस उसी का नाम था। हम भी कैसे बच सकते थे। हम भी आ गए चपेट में। और ऐसे जबरदस्त चपेट में आए कि अपनी तो जिन्दगी की लाइफ ही चेंज हो गई। वैसे भी अमेरिका शब्द में ही ऐसी धाक है कि वो नैपकिन से नाक पोंछकर कोट की जेब में रख ले तो भी हम आदतन वाह-वाह कर उठें। अब हम दुनिया को सूक्ष्मदर्शी नजरों

से निहारते हैं। मर्ज बढता गया ज्यों-ज्यों दवा की।

पहले ऐसा नहीं था।

मार्किट जाएँ और गोलगप्पे न खाएँ ऐसा कभी होता है क्या? पूरा मार्किट घूमकर भले ही कुछ खरीदें या न खरीदें पर गोलगप्पे खाने का प्रोग्राम तो हमेशा का फिक्स है।

कितने के खिलाते हो भैया?

दस के पाँच

अरे वा ये क्या बात हुई। पिछली बार तो छै खिलाए थे।

दोना हाथ में पकड़ते हुए हम गोलगप्पे वाले को ऐसी मीठी नज़र से देखते कि वो गोलगप्पे गिनना ही भूल जाता। सूजी के गोलगप्पे में उबले आलू, छोले चटनी भरकर मन ही मन मुस्कुराते हुए वो खट्टे तीखे चटपटे पानी में ऐसी मस्ती से हाथ डुबाता जैसे मणिहार किसी गोरी कलाई में धीरे-धीरे चूड़ियाँ चढ़ाता है। हम भी एक के बाद एक ऐसे चाव से चटखारे ले-लेकर खाते रहते जैसे हमारे रसीले ओठों का स्पर्श लाभ देकर उन गोल-मटोल गोलगप्पों को कृतार्थ कर रहे हों। गोलगप्पे वाला तीखे चटपटे पानी में अपना श्यामवर्णी हाथ डुबा-डुबाकर एक लय में गोलगप्पे तैयार करके दोने में तब तक रखता जाता जब तक सिर हिलाकर इशारे से हम मना न कर देते। गोलगप्पेबाज ये जानते हैं कि गोलगप्पे खाने का असली मज़ा तो गोलगप्पों के बाद मांगकर अतिरिक्त चटपटा पानी पीने का है। लेकिन

अब ये सब कहाँ।

ऐसे ही ट्रेन के स्लीपर क्लास डिब्बे में टॉयलेट के पास बैठे चने वाले से प्याज-टमाटर, हरी मिर्च मसाला डलवाकर चने के पत्ते भी खूब चाटे हैं। थोड़ी प्याज और डालो, मसाला तेज़ करो। नीबू तो ऐसे बचाए ले जा रहे हो भैया जैसे इसी के पैसों से घर का प्लास्टर करवा लोगे। भुजिया थोड़ी और डाल दोगे तो लुट नहीं जाओगे। तुम तो भैया किश्तों में सब चीज ऐसे डाल रहे हो जैसे बजट मंत्री शोर मचाने पे आधा-आधा टुकड़ा और सरका देती है। ऐसी चटपटी नोंक-झोंक के साथ बिन्दास खाने का स्वाद आहा। चने के पत्ते के साथ उंगलियाँ भी चाट पोंछकर धुली-धुलाई सी कर लेते। कहाँ का पेपर नेपकिन, कहाँ का सेनीटाइजर। ज्यादा ही सफाई का बुखार हो तो दुपट्टे की किनारी से ऐसी सफ़ाई से हाथ पोंछते कि कोई देख भी नहीं पाता।

लेकिन अब नहीं।

कवि सम्मेलन के बाद जब आयोजक लिफ़ाफा पकड़वाकर हाथ जोड़ लेता तब लौटते हुए रात में दो, तीन बजे हाई वे के किनारे पर बने टपरीनुमा ढ़ाबों के बाहर बिछी खरारी खाट पर बैठकर सैकड़ों बार जो तड़के वाली दाल में डुबोकर करारी तन्दूरी रोटी

खाई है उसके तो क्या कहने। ढाबे का छोटू प्लास्टिक की बाल्टी में से स्टील के गिलासों में पानी भरकर अपनी उंगलियों की करामात से जिस स्टाइल में एक साथ छै-छै गिलास उठाकर रखता उसके आगे तो अच्छे-अच्छे हाथ की सफाई दिखाने वाले पानी भर जाएं। आज भी वो खुला आसमान, वो ठण्डी आवारा बिन्दास हवा, वो खरारी खाट पर बिछा दस्तरखान, याद आता है। ये तब की बातें हैं।

लेकिन अब हम ऐसा नहीं कर सकते? कर ही नहीं सकते? कैसे कर सकते हैं?

जब से उसके इश्क की गिरफ्त में आए हैं तब से हमारी सूक्ष्मदर्शी नजरों को हर तरफ कीटाणुओं की झालरें लटकी हुई दिखाई देती हैं। वाईरस और बैक्टीरिया बिलबिलाते हुए नजर आते हैं। साँस लेते हुए डर लगता है। साँस खींचते हैं तो लगता है असंख्य बैक्टीरिया नासपुटों से होते हुए लंग्स में प्रवेश कर रहे हैं। अब तो शर्तिया संक्रमण होना ही है। खाने का कौर मुँह में लेने से पहले उसे सन्देहास्पद नजरों से घूरते हैं कि कहीं इसमें जीवाणु विषाणु तो नहीं। धुली हुई चादरें दुबारा धोते हैं, मांजे गए बर्तन दुबारा मांजते हैं। पोंछा लगने पर भी दिन में चार बार अतिरिक्त पोंछा मारते हैं। पोंछे लगे फर्श पर गलती से कभी नंगे पैर चल लें तो डेटॉल के पानी में सेंधा नमक डालकर तब तक पाँव धोते हैं जब तक वो ताजमहल न हो जाएँ। उबला हुआ पानी दुबारा उबालते हैं और तब तक उबालते हैं जब तक वो मोक्ष प्राप्त न कर ले। हाथ धोने के तो हम हाथ धोकर पीछे पड़ गए हैं। किसी से हाथ मिलाने से पहले हाथ धोते हैं। किसी से हाथ मिलाकर हाथ धोते हैं। खाने के पहले, खाने के बाद, और खाने के बीच में हाथ धोते हैं। हाथ धोने से पहले हाथ धोते हैं, हाथ धोने के बाद हाथ धोते हैं। ये मुंआ तो हाथ धोकर ऐसे हमारे पीछे पड़ा है कि उसके सिवा अब कुछ भी नहीं सूझता। हमें पता है कि हम पगला गए हैं। अब आप ही बताएं हम क्या करें? कहाँ जाएं? कैसे इस सूक्ष्मदर्शी पागलाए इश्क से पीछा छुड़ाएं?

**

7. शिक्षा का स्मार्टीकरण बनाम फजीहतीकरण

शिक्षा के स्मार्टीकरण के दौर में हम भूल गए हैं कि शिक्षा कोई इंजेक्शन नहीं है जो शिक्षक को दी गई तनखाह की मात्रा के अनुपात में प्रत्येक छात्र की शिराओं में ठूसा जा सकें। न ही कोई जेरोक्स मशीन है जिसमें शिक्षक को थमाए गए पाठ्यक्रम की समान प्रतिलिपियाँ छात्रों के रूप में निकलकर बाहर आ जाएँ।

भारतीय समाज में हम टीचर सबसे निरीह प्राणी हैं। लगातार ट्राई करने पर भी डॉक्टर इंजीनियर नहीं बन पाए तो क्या करते। थक हार कर टीचर बन गए। सफलता के कुरूक्षेत्र में हारे हुए योद्धा की जितनी फजीहत होती है उतनी ही ससम्मान हमारी भी है।

सरकार पढ़ाने के अलावा हमसे सारे काम करवाती है। जनगणना करनी हो तो टीचर, इलेक्शन हों तो टीचर। आधार कार्ड बनाने से लेकर बच्चों को पोलियो ड्रॉप्स पिलाने तक सरकार को बस हम बेचारे टीचर ही दिखाई देते हैं। अब तो मिड डे मील में खाने का हिसाब-किताब रखने से लेकर खाना बनाने और बाँटने तक का पुनीत कार्य हमारे ही कर कमलों द्वारा संचालित कराया जाता है। वैसे एक बात तो माननी पड़ेगी। जिसने घर में एक कप चाय तक नहीं बनायी हो सरकार ने उसके हाथों से पेन-पेंसिल, चॉक छीनकर उसे रोटी बेलना सिखा दिया।

पिछले दिनों एक मंत्री का गधा खो गया तो ताबड़तोड़ आदेश का पालन करते हुए जिले के सारे शिक्षक गधा खोजने के अभियान में जोत दिए गए। मंत्री जी के गधे की फोटो के पर्चे विशेषताओं सहित छपवाकर सारे टीचरों को बाँटे गए। चिलचिलाती धूप में सुबह से जगह-जगह गधे को खोजते-खोजते प्रत्येक टीचर इतना डफाचूक हो गया कि

दोपहर तक पर्चे पर छपी हुई गधे की विशेषताओं को अपनी विशेषताएं लिखने लगा। शाम ढलते-ढलते तो गजब ही हो गया। प्रत्येक टीचर को गधे की फोटो में अपना चेहरा दिखने लगा।

एक छात्र ने शिक्षक को चाँटा मार दिया। न न न चाकू मार दिया। अरे नहीं गोली मार दी। हुआ यूं कि छात्र के मम्मी-पापा के नोटों से ठूस-ठूस कर भरे पर्स ने अपने फूले हुए आफरा लगे पेट पर गर्व से हाथ फेरते हुए भोले-भाले छात्र को कई बार बताया कि हमारे फेंके हुए नोटों से ही इन टीचरों को तनखाह मिलती है। इन नोटों की कड़क के आगे इन टीचरों की क्या चमक? एक खोजों हजार मिलते हैं। टीचर यानी फटीचर हा हा हा हा हा...। इस फूले हुए पर्स के सामने प्रिंसिपल को भी हाथ बांधे यस सर-यस सर करते देखा है। फिर परीक्षा में जरा सी नकल क्या कर ली, क्लास में पढ़ने वाली दो टके की लड़की को क्या छेड़ दिया, या क्लास बंद कर दी तो बबाल मचा दिया ...ने। मुझे डाँटता है ये मामूली सा टीचर। ठोंक दिया।

मैंने सुना है मम्मी-पापा से कि तुम टीचर को ठोंक सकते हो लेकिन टीचर तुम्हें नहीं ठोंक सकता। ठोंकना तो दूर हाथ तक नहीं लगा सकता। हाथ लगाया तो सीधे 100 नम्बर डायल करो।

वो जमाना गया जब समाज में हमारी इज्जत थी। छात्र-छात्राएँ विद्यालय आते ही श्रद्धाभाव से हमारे पैर छूते थे। बड़े-बड़े नेता, उद्योगपति तक हमारे सामने हाथ बांधकर खड़े रहते थे। हमारे पढ़ाए हुए बच्चे बड़े-बड़े ओहदों पर पहुँचने पर भी हमें देखते ही आदरपूर्वक हाथ जोड़ते थे। विद्यालय में हमारा दबदबा था। हम बच्चों को मुर्गा बनाएं, दिन भर बेंच पर खड़ा रखें, कान पकड़कर उठक-बैठक लगवाएँ सब गुरुजी का प्रसाद समझकर ग्रहण कर लेते थे। जब तक कान खींचकर दो-चार में रसीद नहीं करते थे तब तक हमें अपने टीचर होने की तसल्ली नहीं होती थी। बच्चों को भी पिटने की आदत थी। किसी दिन नहीं पिटे तो उन्हें भी चैन नहीं आता था। उन्हें लगने लगता था कि आज गुरुजी की तबीयत खराब दिखती है। दोनों में मिच्यूअल अंडरस्टैंडिंग थी। सब कुछ मौज में चल रहा था। लेकिन अब?

अब हमारे देश ने तरक्की कर ली है। शिक्षा डिजिटल हो गई है क्लासरूम स्मार्ट हो गए हैं। पहले बच्चे जमीन पर बिछी टाटपट्टी पर बैठते थे और टीचर ऊपर कुर्सी पर, लेकिन अब बच्चे कुर्सी पर बैठते हैं और टीचर बेचारे खड़े रहते हैं। पहले बच्चे टीचर से डरते थे अब टीचर बच्चों से डरते हैं। पहले बच्चे टीचर को अपने खेत की मूली खिलाते थे अब टीचर को किसी खेत की मूली समझते हैं। पहले बच्चे टीचर के सामने हाथ जोड़ते थे अब टीचर बच्चों के सामने हाथ जोड़ते हैं।

शिक्षा के स्मार्टीकरण के दौर में हम भूल गए हैं कि शिक्षा कोई इंजेक्शन नहीं है जो शिक्षक को दी गई तनखाह की मात्रा के अनुपात में प्रत्येक छात्र की शिराओं में ठूँसा जा सके। न ही कोई जेरोक्स मशीन है जिसमें शिक्षक को थमाए गए पाठ्यक्रम की समान प्रतिलिपियाँ छात्रों के रूप में निकलकर बाहर आ जाएँ। शिक्षा तो संस्कार है जिसे श्रद्धापूर्वक ही ग्रहण किया जा सकता है। जब तक शिक्षक और विद्यार्थी के बीच आपस के सौहार्दपूर्ण सरोकार की निर्मल छलछलाती नदी नहीं बहेगी तब तक हमारे क्लासरूम कितने ही स्मार्ट हो जाएं हमारी आकाश छूती तरक्की खोखली ही रहेगी।

कुछ समझ में आया भिड़ू?

**

8. फेसबुक अवार्ड

फेसबुक की आभासी दुनिया की मर्जी है यहाँ फेस से लेकर बुक तक सब कुछ फर्जी है।

जब से 'ही' को "फेसबुक गौरव अवार्ड" मिला है तब से उसका मनोबल बढ़ा तो बढ़ता ही चला गया है। कोरोना काल में टाइम पास करने के लिए फेसबुक का फेस देखा और उसके चुम्बकीय आकर्षण में इतने आकर्षित हुए जितने मजनूं भी लैला के लिए, फरहाद भी शीरी के लिए और राँझा भी अपनी हीर के लिए नहीं हुए होंगे। ऐसा मारक आकर्षक हो ही नहीं सकता किसी फेस में जितना फेसबुक में है। क्या कहा? पासबुक में आकर्षण है। जनाब वो दिन गए जब पासबुक पर छपे आँकड़े आकर्षित करते थे लेकिन जब से फेसबुक के लव में इन्वॉल्व हुए हैं तब से सारी माया-मोह से मुक्त हो गए हैं। अब न खाने का स्वाद बचा न पहनने का चाव। फेसबुक ने इस असार सांसारिक जंजाल से इतना ऊपर उठा दिया कि पड़ोसियों की छोड़िए घर पर क्या चल रहा है इसकी भी चिन्ता नहीं रही। सदैव अप टू डेट रहने वाले 'ही' अब केवल फेसबुक पर अपडेट रहते हैं। क्या बताएँ कोरोना काल का एक-एक पल कैसे बीत रहा है। सुबह पाँच बजे से रात तीन बजे तक निरन्तर लगनपूर्वक लगे रहने का ही परिणाम है कि आज 'ही' ने "फेसबुक गौरव अवार्ड" जीता है।

सात दिन से बिना नहाए मुसे-मुसाए कपड़ों में पड़े-पड़े दस साल पुरानी मसूरी यात्रा के टन्नाट फोटो पोस्ट करके फ्रेंडों की ढ़ेर सारी जली-भुनी बधाईयाँ स्वीकार करने में जो मजा है वो जन्नत में हूरों के साथ डिस्को करने में भी नहीं होगा शायद। बीबी के बनाए खाने में रोज नुक्स निकालने वाले अब फेसबुक पर लाइक्स और कमेंट्स की गिनती करते-करते कब कटोरी में रखी दाल की जगह गिलास में भरे पानी के साथ चारों रोटियाँ भसक जाते हैं पता ही नहीं चलता जब से हुआ है फेसबुक से प्यार तब से न बीबी से चिक-चिक न बच्चों से तकरार।

'शी' की कहानी तो और भी गजब की है। घर गृहस्थी के कामों को लगाया पलीता तब जा के फेसबुक सक्रियता अवार्ड जीता। अब क्या बताएँ क्या-क्या नहीं किया। हर घंटे नए लुक और नए पोज के साथ सेल्फी खींचकर पोस्ट की। अनेक फेसबुक लाइव की वॉचपार्टी होस्ट की सक्रिय लोगों को ढूंढ-ढूंढ कर दोस्त बनाया। फिर मेसेंजर पर देर रात तक उनसे चेटिंग का सिलसिला चलाया।

बीस साल पुरानी टनाटन फोटुएं धड़ाधड़ अपनी दीवार पर चिपकाकर कई 'ही' के दिलों की धड़कनों को धकधका दिया। फेसबुक पर लाइव आ आकर सेलीब्रिटी होने का रुतबा पा लिया।

फेसबुक पर इन दिनों यत्र-तत्र सर्वत्र शी ही शी हैं छाईं
जहाँ भी देखिए दे जाती हैं दिखाई
इनकी जानखेंचू मुस्कान के लाखों हैं दीवाने
इसीलिए फेसबुक सक्रियता अवार्ड देकर ही माने।

ये अवार्ड जीतने के लिए इन्होंने दिन को दिन और रात को रात नहीं समझा। हर कोई कहता है कि लॉकडाउन के समय 'शी' से अधिक कोई सक्रिय नहीं रहा। इन्होंने फेसबुक पर सक्रियता के सारे रिकॉर्ड तोड़ दिए। ये किसने देखा है कि घर पर खाना पकाने, कपड़े धोने, झाड़ू पोंछा करने से लेकर सारे छोटे-बड़े काम अपनी बूढ़ी सास, पति और बच्चों के भरोसे छोड़ दिए। पति और बच्चे सुबह दोपहर शाम मैगी खा-खाकर काम चला रहे हैं और शी के फेसबुक पर हर घण्टे लॉकडाउन में बिना मेड के घर को कैसे मैनेज करें आदि-आदि हॉट टॉपिक्स पर लाइक्स बटोरू वीडियो आ रहे हैं।

फेसबुक की आभासी दुनिया की मर्जी है
यहाँ फेस से लेकर बुक तक सब कुछ फर्जी है।

**

9. आएं हाएं ये शोक सभाएं

गरीबदास जी की अमीरी आकाश तक है। उनके चारों बेटे और दो बेटियां विदेश में होने के कारण शोक सभा में सम्मिलित नहीं हो सके हैं लेकिन उनकी भावनाएँ यहीं है। इसीलिए उन्होंने भव्य शोक सभा आयोजित की है। और विशेष निर्देश दिए हैं कि उनके पिता जी की शोक सभा में कोई कमी नहीं रहनी चाहिए।

कल एक शोक सभा में जाना हुआ। शोक सभाएं तो पहले भी कई देखीं, एक से बढ़कर एक देखीं लेकिन ऐसी सेवन स्टार शोक सभा देखकर सच कहें मन में मरने की इच्छा कुलांचे भरने लगी। किसी राजा महाराजा का शादी समारोह भी इस शोक सभा के सामने दो टके का लगा। शोक सभा स्थल से चार किलोमीटर पहले से शोक सभा के बोर्ड लगे हुए थे। दो किलोमीटर पहले से अत्याधुनिक महंगी कारों की कतारें अच्छे बच्चों की तरह सड़क के दोनों ओर सिर झुकाए विश्राम की मुद्रा में पीछे हाथ बांधे खड़े होकर आगे आने वाले दृश्य की भव्यता का आभास करा रहीं थीं। एक किलोमीटर पहले से सोफेस्टिकेटेड जूता घर बने हुए थे। आधा किलोमीटर पहले लक दक सफेद चादरों की कनातें शोकार्थियों के स्वागत को आतुर थीं। मुख्य द्वार पर शोकसभा की उत्सवमूर्ति का प्रसन्न मुद्रा में भव्य चित्र लगा था।

केवड़े की रिमझिम फुहार करते हुए विशिष्ट प्रकार के पंखे मेन गेट पर आगन्तुक शोकार्थियों का शोकसभा के योग्य मूड बना रहे थे। फिल्म, राजनीति, क्रिकेट, साहित्य, कवि सम्मेलन, टीवी, और पत्रकारिता जगत की एक से बढ़कर एक हस्तियां, सेलिब्रिटीज झकाझक श्वेत परिधानों में चेहरे पर यथोचित मेकअप और तथोचित शोक की मात्रा धारण किए पधार रहीं थीं। हाँ, सभी के आँखों पर ब्रांडेड काले चश्मे चढ़े हुए थे। दूर तक बैठने के लिए सफेद सोफे सजे थे। शोक सभा के मंच पर विदेशी फूलों की भव्य सजावट थी। अनूप जलोटा टाइप भजन गायक पूरे साजो समान के साथ भजन गा रहे थे। कुल मिलाकर सब कुछ भेरेंट था, धांसू था लेकिन हाँ, एलीट और सोफेस्टिकेटेड। मंच पर मरणमूर्ति

का भव्यतम चित्र खड़ा था। चित्र के समक्ष सुलगते हुए धूप के श्वेत धूम्र से पूरा परिसर महकायमान हो रहा था। गुलाब की पंखुड़ियों से भरी बड़ी सी सुनहरी टोकरी रखी थी। पुष्पांजली अर्पित करने वालों की लम्बी लाइन देखकर तो आए हाए हम क्या बताएं हम मरने वाले पर फिदा हो गए। किस तरह हमने अपने उफनते जज़्बातों को कंट्रोल किया ये हम ही जानते हैं।

थोड़ी देर बाद भजन प्रवचन बन्द हुए और एक फिल्मी हीरो जैसे सुकुमार ने माइक पर बोलना शुरू किया। उसने पहला वाक्य बोला, 'आप देख ही रहे हैं कितनी बड़ी मौत हुई है। इस शोक सभा में उपस्थित एक-एक व्यक्ति अरबपति है। हमारे पूज्य गरीबदास जी का सम्पर्क क्षेत्र विस्तृत था। इसीलिए फिल्मी, इल्मी, खेल से लेकर, बड़े-बड़े संत महात्मा, और पोलिटीशियन्स आज यहाँ पधारे हैं। स्वर्गीय गरीबदास जी की अमीरी आकाश तक है। उनके चारों बेटे और दो बेटियां विदेश में होने के कारण शोक सभा में सम्मिलित नहीं हो सके हैं लेकिन उनकी भावनाएँ यहीं है। इसीलिए उन्होंने भव्य शोक सभा आयोजित की है और विशेष निर्देश दिए हैं कि उनके पिता जी की शोक सभा में कोई कमी नहीं रहनी चाहिए।

बाबूजी के बारे में बोलने वालों की बहुत लम्बी लिस्ट है। समय सीमित है इसलिए मैं सभी से क्षमा चाहते हुए प्रत्येक क्षेत्र से एक-एक व्यक्ति को माइक पर आमंत्रित करूंगा। मेरे इस निर्णय को आप अन्यथा नहीं लेंगे ऐसा विश्वास है।

सबसे पहले फिल्मी दुनिया से टुच्चन कपूर जी। टुच्चन जी ने माइक पर आते ही सबसे पहले कैमरे की ओर देखकर पोज बनाया। 10, 12 फोटो खिंचवाने के बाद बोले वैल आज यहाँ आकर बहुत अच्छा फील हो रहा है। भगवान ऐसी मौत सबको दे। मेरी नई सुपर-डुपर हिट फिल्म का म्यूज़िक लॉन्च हुआ है। आपने सुना ही होगा। डिंग्चिक डिंग्चिक गाने ने तो सारे रिकॉर्ड तोड़ दिए। आप लोग फिल्म जरूर देखें। अपनी फिल्म के प्रमोशन का इतना अच्छा चांस आज मुझे मिला है। इसके लिए सेठ गरीबदास जी को बहुत बहुत धन्यवाद।

उसके बाद माइक पर आए क्रिकेटर आते ही लच्छेदार गलत अंग्रेजी के चौके-छक्के लगाने लगे। साथ में उनकी प्रेमिका भी थी। कनखियों से बीच-बीच में उसे निहारकर तरोताजा हो जाते और फिर बोलने लगते अपने आगामी क्रिकेट दौरों के बारे में। उनका आत्मालाप सुनकर तो मुझे दौरे पड़ने की स्थिति आ गई। सजी संवरी विदेशी बालाओं द्वारा सर्व किए जाने वाले ठण्डे शरबत से यदि हमने अपना कण्ठ तर नहीं किया होता तो सच बताते हैं हमें दौरा पड़ ही जाता।

तीसरे वक्ता ज्ञानपीठ पुरस्कार लौटाए हुए चोटी के साहित्यकार थे। गरीबदास जी पर शुरू हुए और पाताल की गहराई से लेकर ब्रह्माण्ड के रहस्यों को लपेटते हुए राजनीति,

खेल, भ्रष्टाचार, मौसम की जानकारी से लेकर स्वयं की उपलब्धियों को महिमामण्डित करते हुए गरीबदास जी की अमीरी का गुणगान करते-करते स्वयं के गुणगान पर विरामित हुए। एक बात इन साहित्यकार महोदय की खास लगी कि वे टॉपिक चेंज करते समय ये कहना नहीं भूलते थे कि समय की सीमा है इसलिए गागर में सागर भर रहा हूँ। अन्यथा बोलने के लिए तो इतना है कि दो दिन भी कम रहेंगे। खैर चौथे तो और भी घुटे-घुटाए थे। उनका नाम पुकारा गया तो दो चेले विशेष प्रकार का सिंहासन माइक के पीछे स्थापित कर गए। एक चेला सिंहासन पर लाल मखमल का आसन बिछा गया। फिर चार चेलियों से संरक्षित एक प्रभावशाली, व्यक्तित्व धीरे-धीरे आकर सिंहासन पर विराजमान हो गया। चेलियाँ सिंहासन के पीछे खड़ी होकर पंखा झलने लगीं। जैसे ही उन्होंने धीमे स्वर में मंत्रोच्चार प्रारम्भ किया वैसे ही अडिएंस में फैले हुए उनके चेले चेलियों ने स्वामी जी का चित्र, क्वालिफिकेशन सहित विशिष्ट उपलब्धियों से लबरेज पर्चों के वितरण का दायित्व मुस्तैदी से सम्हाल लिया। सब कुछ प्री प्लान्ड, सधा हुआ चल रहा था। सच बताऊं इतनी देर में मुझे ऐसा लगने लगा जैसे यहाँ उपस्थित प्रत्येक व्यक्ति मंझा हुआ शोकसभालू है। बस हम ही न्यू कमर हैं। हम तो सादे से कपड़े पहनकर बिना क्रीम पाउडर लगाए बिना हेयरस्टाइल किए लल्लू से आ गए। यहाँ देखो तो हर तरफ लक दक, चका चक। गरीबदास जी के विदेशी बेटे-बेटियों की अमीरी झकाझक टपक रही है। हमें अपने ऊपर बहुत कोफ्त हुई। अलमारी में रखी शिफान की सफेद लखनवी कढ़ाई वाली साड़ी नजरों के सामने दिखाई देने लगी। आज के फंग्शन के लिए ये साड़ी ठीक थी। हम तो गंवार के गंवार ही रहेंगे। दिल्ली में रहते हुए पच्चीस बरस हो गए लेकिन यहाँ के तौर-तरीके अभी तक नहीं सीख पाए। लानत है हम पर। जब हम ग्वालियर में रहते थे तब वहाँ शोकसभाओं का चलन ही नहीं था। किसी के घर में गमी हो जाने पर नाते-रिश्तेदार और परिचित तेरह दिनों में कभी भी मिलने जाते थे। कई लोग तो कई-कई बार आते थे। परिवार का हालचाल पूछते थे। स्वयं ही काम करने लगते थे। सभी हृदय से दुख में सहभागी होते थे।

तब वहाँ बड़ी या छोटी मौत होने का चलन नहीं था। अब पिछले पच्चीस वर्षों में हमारे ग्वालियर ने भी तरक्की कर ली है। अब वहाँ भी मौतें छोटी-बड़ी होने लगीं हैं। ऐसा सुनने में आया है कि पिछले दिनों एक बड़ी मौत हुई थी हमारे गवालियर में। लेकिन दिल्ली जितनी बड़ी फिर भी नहीं थी। उफ़ यही तो हम औरतन की कमी है। ससुराल में छप्पन भोग बने हों तब भी ससुरा मन मायके की दाल रोटी में ही अटका रहता है जनम भर।

हीरो टाइप एनाउंसर ने घोषणा की कि केवल दो वक्ता बोलने के लिए शेष हैं। सभी से विनम्र निवेदन है कि भोजन प्रसादी ग्रहण किए बिना कोई न जाए। भोजन प्रसादी का नाम

सुनते ही जीभ की स्वादेन्द्रियाँ सक्रिय हो उठीं। पेट की जठराग्नि षटरस भोजन को पचाने के लिए आतुर हो गई। शोक सभा में शोकांजली सुनने का धैर्य जवाब देने लगा और पाँव स्वत: ही यन्त्रचलित से देह को उठाकर वहाँ ले आए जहाँ से स्वादिष्ट सुगन्ध आ रही थी। आय हाय भोजन प्रसादी की महिमा तो क्या ही बताएं। क्या नहीं था वहाँ। देसी विदेसी सभी पेय और पकवान आहा। अब और वर्णन नहीं करेंगे। कहीं हम आपको बताने के चक्कर में भूखे ही न रह जाएं।

चलते-चलते एक बात फिर भी बताए देते हैं कि शोक सभा हो तो ऐसी। खा-पीकर बाहर निकले तो गेट पर बने काउंटर पर पर्चे बांटे जा रहे थे। एक पर्चा हमें भी मिला। किसी इवेंट कम्पनी का था। जिसमें लिखा था जन्म से लेकर मरण तक के सभी कार्यक्रमों के लिए सम्पर्क करें। अवसर के अनुसार सेलिब्रिटी अरेंज करने की विशेष सुविधा। टीवी पर दिखाए जाने की ग्यारेंटी।

अब क्या-क्या बताएं
आएं हाएं ये शोक सभाएं।

**

10. शिक्षा का हांका

हम शिक्षक दिवस मनाने का दम्भ भर रहे हैं लेकिन आपकी जानकारी के लिए बता दूँ आज के दिन भी लाखों शिक्षक भरी दोपहरी में सड़कों पर खड़े होकर हर आने जाने वाले के मास्क चैक कर रहे हैं।

सरकार की दृष्टि में शिक्षक सबसे फालतू, पालतू और निरीह प्राणी होता है। जिसे जब चाहे, जैसा चाहे, जिधर चाहे जब तक चाहे हाँका जा सकता है। सरकार बदल सकती है लेकिन उसका शिक्षक के प्रति दृष्टिकोण नहीं बदल सकता। जनगणना करानी हो, आधार कार्ड बनाने हों, बच्चों को पोलियों की दवा पिलानी हो या चुनाव कराने हों सरकार की पहली नज़र इसी निरीह प्राणी पर टिकती है।

कभी वो भी दिन थे जब बच्चे टाटपट्टी पर बैठते थे और शिक्षक कुर्सी पर। तब बच्चे प्रतिदिन कक्षा में प्रवेश करने पर शिक्षक के पाँव छूते थे। इनके हाथ की छड़ी की मार को प्रसाद समझकर ग्रहण करते थे। धीरे-धीरे देश में विकास आया। विकास को शिक्षक का कुर्सी पर बैठकर पढ़ाना नहीं भाया। उसने शिक्षक के नीचे से कुर्सी खींचकर छात्रों के नीचे रख दी। अब विद्यार्थी टेबल कुर्सी पर बैठते हैं और शिक्षक बेचारे से खड़े रहते हैं। जब छात्र बाबूमोशाय की तरह बैठने लगे और टीचर अर्दली की तरह खड़े रहने लगे तब धीरे-धीरे चरण छूना आउट डेटेड होता गया। कन्वेंट स्कूलों की शानदार बिल्डिंगों को तो नमस्ते भी डाउन मार्केट लगा। वहाँ गुडमॉर्निंग सर और मैम अधिक चमका।

मंत्री जी की भैंस खो जाए या संत्री जी का कुत्ता भाग जाए सरकार का फरमान होता है कि शिक्षक ही उसे खोजकर लाए। मिड डे मील के लिए राशन और सब्जी लाने, भोजन पकाने, विद्यार्थियों में बँटवाने से लेकर उसका हिसाब-किताब रखने के लिए रजिस्टरों में एन्ट्री करने तक सारी जिम्मेदारी उठाने के लिए सरकार की दयालु दृष्टि का पात्र सदा से शिक्षक ही रहा है।

पहले कभी-कभी बच्चे शिक्षक को घर से बुलाकर लाते थे लेकिन विकास आने के पश्चात ये दृश्य अतीत में खो गया है। अब घर-घर जाकर बच्चों को इकट्ठा करने का काम शिक्षकों का हो गया है।

कोरोना काल में तो हद हो गई। शिक्षकों की रही सही डिग्निटी भी खो गई। विद्यार्थियों के घर-घर जाकर राशन, किताबें, यूनिफॉर्म बाँटने से लेकर विस्थापित मजदूरों के खाने, सोने का इंतजाम करते-करते जब शिक्षक हाँफने लगा तब सरकार का तंत्र शिक्षक की डफाचूक स्थिति को भाँपने लगा। अपने कान पर जूं तक न रेंगने देने वाली सरकार के कान पर इस बार जूं रेंग गयी। किसी ने स्कीम बताई नई कि शिक्षक को ऊर्जा तो पढ़ाने से मिलती है। विद्यालय नहीं चल रहे तो क्या इससे ऑनलाइन पढ़वाओ फिर बदले में चाहे जितना इधर-उधर का काम करवाओ।

ज्यादा चाँ चीं करे तो अपने पास रटा-रटाया एक श्लोक है ही

गुरु ब्रह्मा, गुरु विष्णु गुरु देवो महेश्वरः।

गुरु साक्षात परब्रह्म तस्मै श्री गुरुवे नमः।।

हम शिक्षक दिवस मनाने का दम्भ भर रहे हैं लेकिन आपकी जानकारी के लिए बता दूँ आज के दिन भी लाखों शिक्षक भरी दोपहरी में सड़कों पर खड़े होकर हर आने-जाने वाले के मास्क चैक कर रहे हैं।

**

11. ठहाकों की ओवर डोज़

हमें आवश्यकता थी अपनों के साथ की, पीठ पर रखे तसल्ली भरे हाथ की। दो घड़ी बतियाने की। मन की पीड़ा सुनने-सुनाने की। उदासी के भंवर में फँसे हुए हम रोने के लिए एक अदद विश्वसनीय कन्धा ढूंढ़ रहे थे और ठहाकों के व्यापारी हमारी बेबसी में भी धन्धा ढूंढ़ रहे थे।

जैसे-जैसे ठहाकों के धंधे ने उछाल दिखाया है वैसे-वैसे आत्महत्या करने वालों की संख्या में बूम आया है।

आप पूछेंगे कैसे?

मैं बताती हूँ ऐसे।

एक आदमी आत्महत्या करके मरा। मरकर सीधे स्वर्ग में गिरा। वैसे एनटाइटिल वो नरक के लिए ही था लेकिन आतंकवाद के चलते नरक हाउस फुल चल रहा था। वहाँ मोढ़ा डालकर बैठने तक की जगह नहीं थी। एक टांग पर भी नहीं हुआ जा सकता था खड़ा। इसलिए यमराज को मजबूरन उसका टिकिट अपग्रेड करना पड़ा।

स्वर्ग के काउंटर पर रखे रजिस्टर में नवागंतुक को अपना विवरण भरना था। नाम, उम्र आदि के साथ आत्महत्या करके मरने का कारण विस्तारपूर्वक लिखना था। एक मिनिट के लिए उसने सोचा, सिर खुजाया और मरने का कारण लिया खोज। रजिस्टर में लिख दिया आत्महत्या करके मरने का कारण "ठहाकों की ओवरडोज़।"

काउंटर पर खड़ी टकाटक अप्सरा ने आदमी की मंशा नजरों के स्कैनर से तौली फिर मुस्कुराते हुए बोली :-

पहली बार सुनी है यह बात।

ठहाकों की ओवर डोज़ से मरने की करामात?

आदमी ने बतायी अपनी कथा। उस कथा में छिपी थी प्रत्येक संवेदनशील, कला प्रेमी व्यक्ति की व्यथा।

उसने अपने जीवन की रील को खोला और लम्बी साँस लेते हुए बोला :-

आजकल धरती पर ठहाकों का कारोबार जोरों पर है। जिस तरफ़ आँखें जाती हैं उस तरफ हँसा-हँसाकर लोटपोट कर देने की गारंटी देने को आतुर हास्यावतारों की बेढंगी सूरतें नजर आती हैं। समझ में नहीं आता कि ये हँसाना चाहते हैं या फँसाना चाहते हैं। हँसाते-हँसाते फँसाने और फँसाते-फँसाते हँसाने में फर्क किंचित है।

हँसाने की गारंटी पक्की हो न हो पर फँसाने की गारंटी निश्चित है।

हुआ यूं

मैं जिन्दगी में उदास था। उदासी को दूर करने के लिए टीवी किया ऑन। अट्टहास करते हुए प्रकट हो गया कॉमेडी का डॉन। घिसे-घिसाए चुटकुलों पर सैक्स के तड़के। लड़कियों के वेश में दाढ़ी- मूंछों वाले लड़के। शो पूरी तरह था आत्मनिर्भर। ठहाके बेचे जा रहे थे शेंपू और तेल के विज्ञापनों की शीशियों में भर-भरकर।

स्क्रिप्ट उनकी, सड़े सड़ाए बदबू मारते हुए चुटकुले उनके, कलाकर उनके और तो और बुक्का फाड़कर ठहाके लगाने वाले भी उनके। नकली ठहाकों के बॉम्बारमेंट से घायल होकर मेरा मन अधिक उदासी की ओर चल दिया। घबराकर मैंने चैनल बदल दिया।

न्यूज़ चैनलों का तो और भी बुरा था हाल। बदली-बदली थी हर एक की चाल-ढ़ाल। सारे चैनल दस दिनों से एक ही न्यूज़ को एक्सक्लूजिव कहकर बता रहे थे। यहाँ भी कुछ हास्य कलाकार समाचारों में ठहाकों का बेस्वाद तड़का लगा रहे थे। झुंझलाकर हमने टीवी कर दिया बन्द। सोचा पार्क में जाकर खुली हवा का लेते हैं आनन्द।

लेकिन पार्क की हवा में भी मार्केटिंग का प्रदूषण घुला था। हरी घास पर ठहाकों का पूरा बाजार खुला था। अनुलोम-विलोम के साथ आकर्षक पैकिंग और पैकेजिंग में कृत्रिम ठहाकों के इंजेक्शन लगाए जा रहे थे। हम जैसे नए मुर्गे फँसाए जा रहे थे। तभी हमने देखा बेहतरीन शिकार जानकर उनके कुछ डीलर हमारी ओर भी आ रहे थे। दिल जोर-जोर से धड़कने लगा। उदासी का काला बादल हमारे पूरे वजूद को ढ़कने लगा।

तभी मन में आशा की किरण जगी। कविता ही डूबते को तिनके का सहारा लगी। पूरी तरह उदासी में नहाए, हम कवि सम्मेलन सुनने आए। सोचा था हृदय की बन्द कली खिलेगी। कविताएँ सुनकर जीने की प्रेरणा मिलेगी। लेकिन ऐसा लग रहा था यहाँ सभी भंग खाए हुए हैं। कवि सम्मेलनों के मंचों पर कवियों के स्थान पर कॉमेडी शो के जोकर बुलाए गए हैं। कविता की एक पंक्ति की चाह में पूरी रात कर दी काली। लेकिन मुझ कविता प्रेमी की झोली रही खाली की खाली।

हम डिप्रेशन की अंधी गुफा में समाते जा रहे थे। परिवार जन हमारे पास बैठकर हमसे दो बातें करने की बजाए हमें हँसाने के लिए तरह-तरह की जुगत लगा रहे थे। मोटिवेशनल स्पीकरों, आध्यात्मिक गुरुओं और संगीत के कार्यक्रमों में हमें सुकून के लिए जबरन धकेला गया। प्रत्येक जगह नकली ठहाकों का दंश मिला नया।

जीवन में एक ऐसा क्षण आया कि आयातित ठहाकों के आतंक से आतंकित होकर हमने सोचने-समझने की शक्ति गंवा दी। भड़भड़ाहट में दसवें माले से छलांग लगा दी।

हमारी क्षत-विक्षत मृत देह जमीन पर पड़ी थी। परिजनों, रिश्तेदारों के साथ-साथ अड़ौसियों-पड़ौसियों की भीड़ हमें घेरे खड़ी थी। हम सोच रहे थे कि यदि जीते जी ये हमारे पास होते तो हम असमय अपने प्राण क्यों खोते!

हमें आवश्यकता थी अपनों के साथ की, पीठ पर रखे तसल्ली भरे हाथ की। दो घड़ी बतियाने की। मन की पीड़ा सुनने-सुनाने की। उदासी के भंवर में फँसे हुए हम रोने के लिए एक अदद विश्वसनीय कन्धा ढूंढ़ रहे थे और ठहाकों के व्यापारी हमारी बेबसी में भी धन्धा ढूंढ़ रहे थे।

वो दिन कब लौटेंगे जब होगी कवि सम्मेलनों में काव्य की महक, संगीत में सुरों की चहक, कथावाचकों में आध्यात्म की गमक, मोटिवेशनल्स में प्रेरणा की धमक।

जब कृत्रिम ठहाकों की दुकानों पर ताला लगेगा तभी नैसर्गिक हँसी का सुवासित पुष्प खिलेगा।

जब तक ऐसा नहीं होता तब तक आत्महत्या करने वालों की संख्या बढ़ेगी रोज़
कोई जान भी नहीं पाएगा कि मरने का कारण है
ठहाकों की ओवर डोज़।

**

12. पीड़ा मुख्य अतिथियों की

हमें मुख्य अतिथि बनने का इस कदर चस्का लग चुका है कि जब तक मंच, माइक और माला न मिले (भले ही माल देकर मिले) तब तक लगता है सब कुछ रुका-रुका है।

जब से कोरोना का रोना शुरु हुआ है तब से नेता-अभिनेता, कवि, गायक, लाफ्टर वाले सभी की आत्मा मंच पाने के लिए फड़फड़ा रही है। सबने अपनी-अपनी भड़ास निकालने के रास्ते खोज लिए हैं। नेताओं को न्यूज़ चैनलों ने तार दिया है, अभिनेताओं ने सरकारी विज्ञापनों का सहारा लिया है, कवियों गायकों ने फेसबुक पर लाइव आ-आकर अपनी लाइफ बचाई है, तो लाफ्टर वालों ने यूट्यूब पर वीडियो डाल-डाल कर शान्ति पाई है। लेकिन हमारी तरफ किसी का रत्ती भर भी ध्यान नहीं गया। यह वही बात हुई कि जब तक काम तब तक राम-राम। किसी संत ने गाया भी है 'यह जग है स्वारथ की नगरी' लेकिन इतना स्वारथ?

कभी हमारे बिन किसी समारोह में पत्ता तक नहीं हिलता था। जब तक हम न पहुँचें मंगलदीप नहीं जलता था। भारतीय रेल की तरह देर से प्रकट होना हमारी अदा समझी जाती थी। हमारी उपस्थिति से ही आयोजक की जान में जान आती थी। इतना विवरण देने पर भी नहीं पहचाना? ये है इतने वर्षों तक संस्थाओं को मोटा चन्दा देने की परिणिति? चलिए स्वयं ही बता देते हैं।

हम हैं जन्म से लेकर श्रद्धांजलि सभाओं तक के पेशेवर मुख्य अतिथि। आप लॉकडाउन में भी सोशल मीडिया पर छाए हुए हो साहब और हमें गधे के सिर के सींग की तरह कर दिया गायब? मतलब निकल गया तो पहचानते नहीं।

कोरोना वायरस ने सबको आत्मनिर्भर बना दिया है। कवि स्वयं अपने फेसबुक की दीवार पर लटक कर कविताएँ फेंक रहे हैं। कुछ जन्मजात फुर्सतिए श्रोता उन्हें देख रहे हैं। लेकिन हमारा क्या? हमें मुख्य अतिथि बनने का इस कदर चस्का लग चुका है कि जब

तक मंच, माइक और माला न मिले (भले ही माल देकर मिले) तब तक लगता है सब कुछ रुका-रुका है। इन कवियों और आयोजकों ने तो दूध की मक्खी की तरह हमें निकाल बाहर कर दिया। हमने इतने दिनों तक संयम रखा। उफ़ तक नहीं किया। लेकिन अब मुख्य अतिथि बनने की कामना हृदय में कुलांचे भर रही है। हमारा पिछला डेकोरम डरा रहा है। अन्दर ही अन्दर हमें खा रहा है।

वह भी क्या दिन थे जब महीने भर के कार्यक्रम पहले से ही फिक्स हो जाते थे। हिंदी पखवाड़े में तो हम शिफ्टों में बुलाए जाते थे। हर रोज ठसक दिखाने वाले हम आजकल पूरे ठस हुए पड़े हैं। बन्द गले के कोट, रेशम की सदरियाँ, खादी के कुर्ते पायजामों का अलमारी के हैंगरों पर टंगे-टंगे बुरी तरह घुट रहा है दम।

देश की अर्थव्यवस्था की तरह हमारा भी ऑक्सीजन लेवल लगातार हो रहा है कम। आप से हाथ जोड़कर निवेदन है कि हमें बेमौत मरने से बचा लो। ऑफ लाइन नहीं तो ऑनलाइन ही सही हमें एक बार, बस एक बार मुख्य अतिथि बनाकर बुला लो।

**

13. साहब हम कबीर के वंशज हैं

हम कबीर के वंशज हैं इसलिए हमें कुछ भी कहने का अधिकार है। माइक पर आते ही हमारी सुप्त चेतना अतिरिक्त रूप से जाग्रत हो जाती है। हम कवि हैं इसलिए किसी को भी गाली देने की हमें छूट है।

जी हाँ। हम तुलसी, सूर कबीरा के वंशज हैं। हमारे पूर्वज इतने महान थे कि वर्षों बाद भी तुलसी के मानस को घर-घर में गाया जाता है। कबीर के दोहे बात-बात की बोलचाल में उद्धृत किए जाते हैं। मीरा बाई "मेरे तो गिरिधर गोपाल" गाकर अमर हो गईं। सूरदास जी तो नेत्रहीन थे फिर भी कृष्ण लीला को अपने पदों में जीवन्त पर दिया। लोगों से सुना है कि ये सभी पढ़े-लिखे नहीं थे (जबकि सत्य ये है कि इन सभी ने गुरुओं से शिक्षा ग्रहण की थी) अचानक इन्हें ब्रह्म ज्ञान हुआ, जादू की छड़ी ऐसी घूमी कि इनका कायापलट हो गया। हम भी कवि हैं। इतने महान पूर्वजों के वंशज हैं इसलिए हमें भी पढ़ने से क्या लेना-देना। पत्र पत्रिकाओं को हम दूर से प्रणाम करते हैं। इसीलिए दूरदर्शन पर दिखते हैं। हम पढ़ते इसलिए नहीं हैं कि कहीं किसी की छाप हमारे लेखन पर न आ जाए। हम तो जन्मजात कवि हैं। पढ़ने से हमारा क्या वास्ता। हम तो डायरेक्ट मंच पर पढ़ते हैं। कभी गीत ग़ज़ल मुक्तक तो कभी नज़्म। अपनी मौज में लिखते हैं। अब वो दोहा है, शेर है, घनाक्षरी है, सवैया है, गीत है या गज़ल ये हमें नहीं पता। हमारा काम तो लिखना है। हमारे लिखे हुए को सोशल मीडिया पर हजारों लाइक्स मिलते हैं। हमारी वीडियो हाथों हाथ वाईरल होती है। हम लीक से हटकर चलते हैं। और तो और अब तो फ्रीवर्स का जमाना है। जो कुछ भी नहीं है वो फ्रीवर्स है। किसी कवि सम्मेलन में हमने सुना था कि

लीक छांड़ि तीनों चले
सायर सिंह सपूत।

ये लाइनें किसकी हैं ये नहीं मालूम लेकिन जिसकी भी हैं बहुत कमाल की हैं। हम तो शायर भी हैं, सिंह भी हैं और सपूत भी हैं। फिर हमें तो लीक छोड़नी ही पड़ेगी।

एक नवोदित कवि ने मुझे बताया कि मैं

तहत में तो ठीक से लिख लेता हूँ लेकिन

तरन्नुम में नहीं लिख पाता। मुझे कुछ तरीका बताइए जिससे मैं तरन्नुम में भी लिख पाऊं। क्योंकि तरन्नुम वालों को ज्यादा वाहवाही मिलती है। मैं उस नवोदित की जेन्यून समस्या सुनकर हतप्रभ रह गयी। कविता को इस दृष्टिकोण से तो मैंने देखा ही नहीं था। तहत में लिखना और तरन्नुम में लिखना अलग-अलग होता है ये उस परमज्ञानी नवोदित से ही पता चला।

एक कवि सम्मेलन में एक सुन्दर-सी षोड़षी कवयित्री बोली कि मैंने बिलकुल नई धुन में मुक्तक लिखे हैं, पहली बार मंच से पढ़ रही हूँ। आप आशीर्वाद देंगे तो आगे भी पढ़ूंगी नहीं तो यहीं फाड़कर फैक दूंगी। वो मुक्तक वास्तव में मुक्तक ही थे। मुक्तक की प्रत्येक पंक्ति कथ्य, मीटर और तुकान्तों से सर्वथा मुक्त थी। जिसे वो नई धुन कह रही थी वो बरसों पुरानी भजनों की धुन थी। आजकल वो कवयित्री नवोदित नहीं अन्तर्राष्ट्रीय हो चुकी है। लेकिन मुक्तक आज भी वो कथ्य, शिल्प से सर्वथा मुक्त ही सुनाती है।

हम कबीर के वंशज हैं इसलिए हमें कुछ भी कहने का अधिकार है। माइक पर आते ही हमारी सुप्त चेतना अतिरिक्त रूप से जाग्रत हो जाती है। हम कवि हैं इसलिए किसी को भी गाली देने की हमें छूट है।

हम कवि हैं इसलिए किसी का भी चरित्र हनन करना हमारा अधिकार है। हम कवि हैं इसलिए हमारे देवी-देवताओं का मजाक उड़ाना हमारे लिए क्षमा है। अश्लील नोंक-झोंक करना, निम्न स्तरीय टिप्पणियाँ करना, श्रोताओं में बैठे बुजुर्गो, महिलाओं पर भौंडे कमेंट्स करना हमारी परफॉर्मेंस का पार्ट है। हम कवि हैं इसलिए हम कुछ भी कहने के लिए स्वतंत्र हैं।

साहब हम कबीर के वंशज हैं।

**

14. काश हम कुत्ते होते

सुन्दर बने रहने की अतिशय चाहत ने महिलाओं को इस कदर बना दिया है बावला कि वे रात-दिन, सुबह-दोपहर-शाम सुन्दरता बचाने में व्यस्त हैं और उनके घरवाले बेचारे भूख प्यास से त्रस्त हैं।

मुहल्ले के एक झोलाछाप बाबा ने किसी को भी न बताने की हिदायत के साथ मिसेज शर्मा को बताया कि यदि तेजी से जाते हुए सौन्दर्य को बचाना है तो तुरन्त प्रभाव से मेरा बताया हुआ यह टोटका अपनाइए, नित्य प्रति सुबह-शाम बिना नागा काले कुत्ते को दूध पिलाइए।

मिसेज शर्मा ने यह बात किसी को न बताने की हिदायत के साथ मिसेज वर्मा को बताई मिसेज वर्मा ने स्त्रियोचित यही प्रक्रिया दोहराई।

कानों-कान खबर नहीं हुई और बात रातों-रात पूरे मुहल्ले में पसर गई।

अगले दिन सुबह मिल्क बूथ पर महिलाओं की लम्बी कतार थी।

सभी के सिर पर सबसे सुन्दर दिखने की धुन सवार थी। इसीलिए जल्दी से जल्दी काले कुत्ते को दूध पिलाने के लिए बेकरार थी।

चिर यौवना बने रहने की होड़ में

पोती और दादी, बहू और सास, माँ और बेटी सभी शामिल थीं इस दौड़ में।

अतिशय सौन्दर्य जीवी महिलाएँ क्रमवार दूध का पैकेट खरीदतीं, हेयर क्लिप से उसे फाड़तीं और पास रखे बड़े से डिब्बे में उड़ेलती जा रही थी

कहीं काले की जगह सफेद या भूरा कुत्ता दूध न पी जाए इसका खास खयाल अपने सगे पतियों से रखवा रहीं थीं।

एक युवती का तीन महीने का बच्चा बेचैन हो रहा था।

भूख के मारे बुक्का फाड़कर रो रहा था।

युवती झुंझलाकर बोली

तेरे आने से मेरे फिगर का जो रायता फैला है उसे पहले सुधार लूं।

बेबी तुझे बाद में सम्हालूंगी पहले काले कुत्ते को तो सम्हाल लूं।

एक अधेड़ महिला ने डिब्बे में दूध डाला। कुत्ता सूंघकर चला गया। उसने पूछा ये क्या हुआ?

मिल्क बूथ वाले ने बताया कि मैडम ये राजधानी के कुत्ते हैं ठाठ से जीते हैं।

मलाई निकाला हुआ नहीं केवल फुल क्रीम दूध ही पीते हैं।

एक दिन बहुत ढूंढ़ने पर भी काले कुत्ते नहीं मिल रहे थे। ऐसा लगता था जैसे मुहल्ले का छोटा बड़ा, तन्दरुस्त मरियल प्रत्येक कुत्ता खो गया था।

पूछने पर पता चला कि रोज़ भारी मात्रा में दूध पी-पीकर कुत्तों को अजीर्ण हो गया था।

कुत्ते इतनी दहशत में आ गए थे कि किसी महिला के हाथ में दूध का पैकेट देखते ही थर-थर काँपने लगते थे, उल्टे पांव भाग जाते थे।

कितना भी ढूंढ़ो फिर दूर-दूर तक नजर नहीं आते थे।

सुन्दरता कायम रखने के इस नायाब टोटके की लोकप्रियता से काले कुत्तों की डिमांड आसमान छूने लगी।

डिमांड के अनुपात में सप्लाई थी कम।

महिलाओं ने बना डाला स्वयंभू नियम।

उसी मिल्कबूथ से दूध खरीदा जाएगा जिसका मालिक दूध पिलाने के लिए काले कुत्ते उपलब्ध कराएगा।

मिल्क बूथ का मालिक इतने कुत्ते कहाँ से लाता जिनका रंग हो काला।

उसने रास्ता निकाला।

वो गिरते पड़ते बाबा के पास जाकर बोला बाबा गरीब जान के मुझको न युं भुला देना

तुम्हीं ने दर्द दिया है तुम्हीं दवा देना।

बाबा ने कहा अच्छा

जिसका कोई नहीं उसका ये बाबा है बच्चा।

मत घबराओ।

सौ रुपए प्रति घण्टे के हिसाब से काले कुत्ते हमारी कुटिया से ले जाओ।

और मजे से कारोबार चलाओ।

बाबा ने अपनी कुटिया के पीछे सफेद कुत्तों को रंगवाकर काला बनाने की फैक्ट्री लगा ली थी। एक ओर महिलाओं के ह्रदय में सबसे सुन्दर दिखने की जबरदस्त चाह जगाई

फिर काले कुत्तों को प्रतिदिन दूध पिलाने की युक्ति सुझाई फिर सौ रुपए प्रति कुत्ते के हिसाब से स्वयं ही काले कुत्तों की करने लगा सप्लाई।

सबसे सुन्दर दिखने के लिए

काले कुत्ते को दूध पिलाने की होड़ सारे रिकॉर्ड तोड़ रही थी दूसरी ओर बाबा की कुटिया से सौ रुपया प्रति घण्टे के हिसाब से कुत्ता सप्लाई हो रही थी।

इसे कहते हैं बीमारी की पैकेज डील। वन विन्डो सिस्टम। बीमारी और उसका इलाज दोनों एक साथ बेचने का दम।

देश के नेता तो बरसों से यही कर रहे हैं। काला सफेद करके सात पीढ़ियों तक के लिए अपना घर भर रहे हैं।

झोलाछाप बाबा भोले-भाले लोगों की भावनाओं से खेल रहे हैं।

इनकी तो पाँचो उंगलियाँ घी में और सिर कढ़ाई के तेल में है। ये अलग बात है कि इनमें से एकाध आजकल जेल में है।

सुन्दर बने रहने की अतिशय चाहत ने महिलाओं को इस कदर बना दिया है बावला कि वे रात दिन, सुबह दोपहर शाम सुन्दरता बचाने में व्यस्त हैं

और उनके घरवाले बेचारे भूख प्यास से त्रस्त हैं।

जहाँ से जो-जो नुस्खे पता चलते हैं वो सब काम में लाती हैं।

जाने कौन-कौन से ब्यूटी प्रोडक्ट आजमाती हैं।

बकरी की मींगणियाँ, छिपकली का तेल, सूअर के बाल, गेंडे की खाल और चारकोल तक चेहरे पर चिपकाती हैं।

सबसे सुन्दर दिखने की चाहत पागलपन की हदें इस कदर पार कर चुकी है कि इन सौन्दर्य पिपासुओं के भूखे प्यासे अस्त व्यस्त हुए पति आर्त भाव से कहने लगे हैं

खाते-पीते ठाठ से सोते

काश हम भी कुत्ते होते।

**

15. गिरगिट के भी बाप

बाबूमोशाय सब टीआरपी का चक्कर है। मीडिया और नेता का डब्लू डब्लू ई ड्रामा देखकर बेचारी जनता घनचक्कर है। दोनों की नूरा कुश्ती कन्टाप है।
रंग बदलने के मामले में तो ये गिरगिट के भी बाप हैं।

एक टीवी चैनल पर जोरदार बहस चल रही थी। एंकर जरूरत से ज़्यादा आक्रोशित होकर गले की समस्त छोटी-बड़ी नसों को प्रमोशन की चाहत और टीआरपी बढ़ाने की भरसक कोशिश के अनुपात में तानती हुई हड़कम्प मचाने का सीन क्रिएट कर रही थी। विपक्षी दल के नेता भी खाली बादलों की तरह जोर-जोर से गरज रहे थे।

किसी प्रदेश के मुख्यमंत्री को क्या यह शोभा देता है?

आज मैं आपके चैनल के माध्यम से देश की जनता से कहना चाहता हूँ कि इनका मुख्यमंत्री पद पर बने रहना लोकतंत्र के लिए बहुत बड़ा खतरा है।

इस घटना के बाद तो इन्हें नैतिकता के आधार पर पार्टी से इस्तीफा दे देना चाहिए। लेकिन नैतिकता हो तब न?

इस्तीफा नहीं दिया तो जनता जनार्दन स्वयं इन्हें कुर्सी से खींचकर पटक देगा।

बोलने की तो तमीज ही नहीं है इन्हें। इतनी अमर्यादित भाषा का प्रयोग किसी सभ्य व्यक्ति को शोभा देता है क्या? फिर ये तो मुख्यमंत्री हैं।

जिस जनता ने इन्हें कुर्सी पर बिठाया है उसकी समस्याएं सुनने के लिए इनके पास समय ही नहीं है। जब हम जैसे लोगों को मिलने के लिए चार-चार घण्टे प्रतीक्षा करनी पड़ती है तो आम जनता का क्या हाल होता होगा ये आप समझ सकते हैं।

इनके शासनकाल में गरीबों की हालत बद से बदतर होती जा रही है।

कानून व्यवस्था की स्थिति तो ये है कि दिन में भी आम आदमी को सड़क पर चलते हुए डर लगता है। महिलाएँ, बच्चे सुरक्षित नहीं हैं।

किसान आत्महत्याएं कर रहे हैं।

शिक्षा और स्वास्थ्य विभाग तो घोटालों का अड्डा बन गए है।

और तो और चार दिन पहले वो पुल गिर गया जिस पुल का दो दिन पहले माननीय ने उद्घाटन किया था।

सड़कों की हालत इतनी खराब है कि कोई गर्भवती स्त्री इस पर चले तो अस्पताल पहुँचने से पहले ही डिलिवरी हो जाए।

एक राजनेता को मृदुभाषी होना चाहिए लेकिन इनके जैसी खुर्राट शख्सियत दूसरी नहीं है। किसी से सीधे मुँह बात ही नहीं करते।

इतनी बड़ी घटना के बाद तो इन्हें इस्तीफा देना ही चाहिए। इन्होंने लोकतंत्र का गला घोंटा है।

मैं आपके चैनल के माध्यम से कहना चाहता हूँ कि जरा सी भी गैरत बाकी है तो इस्तीफा दे दें।

तभी खबर आयी कि मुख्यमंत्री जी का देहान्त हो गया है।

एंकर ने तत्काल अत्यन्त दुखी मुखमुद्रा बना ली। आवाज को भारी कर लिया।

वही विपक्षी नेता

आँखों में आँसू भरकर, चेहरा लटकाकर, अत्यन्त दुःखी स्वर में

ओह, ईश्वर दिवंगत आत्मा को शान्ति प्रदान करे।

आज हमारे देश ने एक महान नेता, गहन विचारक खो दिया है।

उनके जाने से भारतीय राजनीति की अपूर्णीय क्षति हुई है।

भारतीय राजनीति में एक महा शून्य निर्मित हुआ है। मैं समझता हूँ इस शून्य का भर पाना सम्भव नहीं है।

वे अत्यन्त मृदुभाषी एवं व्यवहार कुशल व्यक्ति थे। दलगत राजनीति से ऊपर उठकर उन्होंने जनता की भलाई के लिए जो निर्णय लिए वो भारतीय राजनीति के इतिहास में स्वर्णाक्षरों से लिखे जाने योग्य हैं।

वे सभी दलों में समान रूप से लोकप्रिय थे।

प्रदेश के मुख्यमंत्री होते हुए भी उनसे मुलाकात करने में किसी को कभी कोई दिक्कत नहीं आयी। आम जनता के लिए उनके घर और दफ्तर के दरवाज़े हमेशा खुले रहते थे।

ईश्वर ने बहुत जल्दी उन्हें अपने पास बुला लिया। मुख्यमंत्री तो वो थे ही लेकिन मैं बहुत जिम्मेदारी के साथ कह सकता हूँ कि उनमें प्रधानमंत्री बनने की क्षमता थी।

उनके शासनकाल में विकास के जितने कार्य हुए उतने पहले कभी नहीं हुए।

वो कुछ साल और रहते तो पूरे प्रदेश का नक्शा ही बदल देते।

उनकी अनुशासन प्रियता अनुकरणीय थी।

मैंने व्यक्तिगत रूप से उनसे बहुत कुछ सीखा। मेहमानों का आदर सत्कार करना, सभी से प्रेम और अपनेपन से मिलना उनके ऐसे गुण थे जो बहुत कम राजनेताओं में देखने को मिलते हैं।

दुख की इस घड़ी में हम सब उनके परिवार के साथ हैं। ईश्वर उनकी पुण्य आत्मा को अपने चरणों में स्थान दे एवं परिजनों को यह दारुण दुख सहन करने की शक्ति प्रदान करे।

ॐ शान्ति शान्ति शान्ति।

तभी खबर आयी कि मुख्यमंत्री जी के निधन की न्यूज़ फेक थी।

एंकर अचानक दुगुने जोश के साथ

अभी-अभी विश्वस्त सूत्रों से यह जानकारी प्राप्त हुई है कि मुख्यमंत्री जी का निधन नहीं हुआ है। उनकी साँसें अभी थोड़ी-थोड़ी चल रही हैं।

सबसे पहले हमारा चैनल ही यह एक्सक्लूजिव न्यूज़ दे रहा है क्योंकि हमारा चैनल है सबसे तेज सबसे आगे।

हमें खेद है कि मुख्यमंत्री जी का निधन नहीं हुआ है।

वही नेता

तत्काल डबल अटैकिंग मुद्रा में

जेई मैंने कही इतने हो हल्ले के बावजूद इन्होंने मुख्यमंत्री पद नहीं छोड़ा तो ये इतनी जल्दी जान कैसे छोड़ देंगे? ये तो लोकतंत्र की जान लेकर ही जान छोड़ेंगे। जब तक देश में गरीबी, भुखमरी, बेरोजगारी, महंगाई की समस्या है तब तक हम चुप नहीं बैठेंगे। ये भले ही अपनी जान छोड़ना चाहें लेकिन हम इनकी जान को इतने सस्ते में नहीं छोड़ेंगे। इनकी अन्तिम साँस तक हम लड़ेंगे। हमारा यही कहना है कि पहले त्यागपत्र सुपुर्द करें फिर चाहे चुल्लू भर पानी में डूब मरें।

बाबूमोशाय सब टीआरपी का चक्कर है। मीडिया और नेता का डब्लू डब्लू ई ड्रामा देखकर बेचारी जनता घनचक्कर है। दोनों की नूरा कुश्ती कन्टाप है।

रंग बदलने के मामले में तो ये गिरगिट के भी बाप हैं।

**

16. ओत्तेरेकी

शब्दों के अर्थ, भावार्थ, निहितार्थ, चरितार्थ सब अलग-अलग। ग्वालियर ने तब इतनी भाषाई तरक्की नहीं की थी। वहाँ शब्दों के वही अर्थ प्रचलित थे जो शब्दकोश में लिखे थे। यहाँ तो दो लोगों को बातचीत करते हुए हम बेवकूफ दर्शक की तरह ऐसे टुकुर-टुकुर देखते रहते थे जैसे चिड़िया बल्ला खेलते हुए कोई बच्चा चिड़िया को देखता है। दांए बांए, फिर दांए बांए। कुछ भी पल्ले नहीं पड़ता था।

संसद के गलियारों की तरह राजधानी की भाषा शैली इतनी घुमावदार है कि मेरे जैसे कई चपड़घिन्नू जन्म जन्मांतरों से घूम रहे हैं। लेकिन अभी तक पहुँचे कहीं नहीं।

हुआ यूं कि जब हमारी नई-नई शादी हुई और हम ग्वालियर से दिल्ली आए तो इस रेशमी नगर की जगर मगर देखकर चक्करघिन्न हो गए। जैसा चमकीला शहर वैसे ही शाइन मारते लोग। सब कुछ इतना अलग कि लगता था जैसे हम पृथ्वी से उड़कर किसी दूसरे ग्रह पर आ गए हैं। बातचीत ही समझ नहीं आती थी। शब्दों के अर्थ, भावार्थ, निहितार्थ, चरितार्थ सब अलग-अलग। ग्वालियर ने तब इतनी भाषाई तरक्की नहीं की थी। वहाँ शब्दों के वही अर्थ प्रचलित थे जो शब्दकोश में लिखे थे। यहाँ तो दो लोगों को बातचीत करते हुए हम बेवकूफ दर्शक की तरह ऐसे टुकुर-टुकुर देखते रहते थे जैसे चिड़िया बल्ला खेलते हुए कोई बच्चा चिड़िया को देखता है। दांए-बांए, फिर दांए-बांए। कुछ भी पल्ले नहीं पड़ता था।

एक बार पड़ौस में रहने वाली आण्टी जी ने पूछा तुम कौन सा दूध मंगवाती हो? आजकल पारस दूध एक रुपया महंगा हो गया है। इसलिए हम तो मदर डेरी लेते हैं। हमारा दिमाग ही जम गया। ये कौन सा नए टाइप का प्राणी आ गया। हमने तो गाय का और भैंस का बस यही दूध सुना हैं। हाँ गाँधी जी बकरी का दूध पीते थे ये भी पढ़ा है लेकिन पारस और मदर डेरी? ये तो नहीं पता। मौन रहने से बेवकूफी पर पर्दा पड़ा रहता है हम इतने

अक्लमंद तो थे इसलिए चुप रहे। बातचीत के दौरान ही आण्टी जी बोल गईं कि पारस कम्पनी वाले बदमाश हैं। हर छै महिने बाद पैसे बढ़ा देते हैं। धत्त तेरे की तो ये कम्पनी का नाम है।

ऐसे ही आशीर्वाद आटा, शक्तिभोग आटा, हाथी आटा ने भी बहुत कन्फ्यूज किया। गेहूं, ज्वार, बाजरा इन सबके आटे पता थे लेकिन आशीर्वाद वही पता था जो पांव छूने पर बड़े बुजुर्ग सिर पर हाथ रखकर देते थे। स्कूटर तेल की याद आने पर तो हम रात को सोते से उठकर इतनी जोर जोर से हंसे कि नए नवेले पतिदेव सकते में आ गए ये सोचकर कि कहीं दौरा-वौरा तो नहीं पड़ गया इसे।

नई-नई बनी सहेली के साथ उसकी बहन की शादी के कार्ड बाँटने गए तो जो एक के बाद एक थोक के भाव में इस दिल्ली ने अपने पन्ने खोले हैं कि क्या बताएं। सुबह से निकले हुए दोपहर के ग्यारह बज गए। पेट में चूहे बिल्ली भांगड़ा करने लगे। जिसके भी घर जाते वो एक ट्रे में पाँच छै काँच की कटोरियों में काजू बादाम किशमिश मिठाई सामने करता चाय शरबत के लिए भी पूछता लेकिन सहेली इतनी सफाई से कहती बस ये सब रहने दीजिए। पेट में बिलकुल भी जगह नहीं है। वैसे भी घर में बहुत पड़ा है। पड़ा शब्द से मेरे मस्तिष्क में ऐसा चित्र बनता जैसे घर में काजू किशमिश जगह-जगह बिखरे पड़े हैं। ड्रॉइंगरूम से टॉयलेट तक ड्राईफ्रूट्स का गलीचा बिछा हो जैसे।

किसी काम से मार्किट जाना हुआ। प्राकृतिक पीड़ा ने पंख फड़फड़ाए तो हम एक रेस्तरां की ओर धाए। सोचा कुछ हल्के हो जाने के बाद कुड़कुड़ाते पेट को थोड़ा भर भी लेंगे। लेकिन वहाँ तो आराम करने के कमरे थे। लिखा था रेस्ट रूम। अब हम पूछें तो किससे? क्या? और कैसे? थोड़ी देर संकोचियाते रहे। फिर चम्बल के पानी को याद किया और हिम्मत करके रेस्ट रूम का दरवाजा खोल दिया। ओत्तेरेकी। ये तो वही निकला जिसकी हमें तलाश थी।

रेल मंत्री जी से निवेदन है कि कौन सी ट्रैन कितने घंटे विलम्ब से चल रही है इसकी उद्घोषणा हो या न हो लेकिन जनहित में निम्नलिखित उद्घोषणा अवश्य होनी चाहिए।

यात्रीगण कृपया ध्यान दें

जो यात्री फलां जगह से दिल्ली की ओर यात्रा कर रहे हैं उनकी सुविधा के लिए हम कुछ शब्दों के दिल्ली अर्थ बता रहे हैं। नहीं समझ पाने वाले यात्रियों की असुविधा के लिए हमें खेद है।

कोशिश करेंगे का मतलब - नहीं

देखेंगे का मतलब - बिलकुल नहीं

ध्यान रखो का मतलब - भाड़ में जाओ

प्रवेश निषेध का मतलब - सुस्वागतम्

नो पार्किंग का मतलब - गाड़ी यहीं खड़ी करनी है

पड़ौसी का मतलब - अनजान

कभी आना का मतलब - नहीं आना

सच कह रहे हैं का मतलब - सफेद झूठ

लिस्ट बहुत लम्बी है। कभी फुर्सत से बताऊंगी। सहेली के साथ कार्ड बाँट आऊं नहीं तो पक्की दिल्ली वाली कहलाऊंगी।

**

17. पुरस्कार कबाड़ने के शर्तिया फार्मूले

आजकल पुरस्कार दिया नहीं, लिया जाता है। गुरु-शिष्य परम्परा का इस लेन- देन से गहरा नाता है।

एक नवजात कवि ने जब से मुहल्ला स्तरीय काव्य शिरोमणि पुरस्कार कबाड़ा है तब से कुण्ठा, जलन, आक्रोश और बदले की भावना ने हमारे भेजे को बुरी तरह लताड़ा है। एक कविता लिखकर ये काव्य शिरोमणि?

और दो कविताएं लिखकर हम वहीं के वहीं?

वरिष्ठता का इतना अपमान? हम उससे तीन महीने, तैंतीस दिन, दो घण्टे छत्तीस सेकन्ड सीनियर हैं कम से कम इस बात का तो रखना चाहिए था ध्यान।

हमारे भेजे की भन्नाहट को दादा कहलवाने के प्रबल इच्छुक पुरस्कार लबाड़ू पानपरागी जी ताड़ गए। हमें अपने पास बुलाया और आँखें बड़ी-बड़ी करके ब्रह्माण्ड के गुपित रहस्य पर से धीरे-धीरे पर्दा उठाया।

आजकल पुरस्कार दिया नहीं, लिया जाता है। गुरु शिष्य परम्परा का इस लेन देन से गहरा नाता है। हम उनकी आँखों की चमक और रहस्यमयी मुस्कुराहट के टोने में खो गए।

कुछ जान पाते उसके पहले ही यन्त्रचलित से उनके साहित्य सने चरणों पर लम्बायमान हो गए। लगभग गिड़गिड़ाते हुए बोले दादा पुरस्कार लेने का उपाय बताइए। आज से आप ही हमारे गुरु बन जाइए। वे ओठों को गोल-गोल करके बोले ऐसे नहीं, पहले कुछ दिन नियमित रूप से हमारे घर आइए।

महीने भर तन मन धन से दिन रात सेवा करने पर भी जब पुरस्कार कबाड़ने का मंत्र गुरुदेव ने नहीं बताया तब हमारा डिगा हुआ धैर्य और डगमगाया। हमने कुलबुलाते हुए पुछा पुरस्कार कबाड़ने के लिए क्या हमें और कविताएं लिखना चाहिए? गुरुदेव बोले नहीं। दो कविताएं पर्याप्त हैं। तुम्हें अधिक लिखना नहीं, अधिक दिखना चाहिए। वाटसप,

फेसबुक, यूं ट्यूब, ट्विटर पर अधिक देना होगा ध्यान। दनादन अपने वीडियो और फोटो डाल फॉलोअर्स बढ़ाकर मचाना होगा घमासान। पुरस्कार लेने में लिखने से ज्यादा दिखने का है रोल। यह कहते हुए उनके ओंठ फिर से होने लगे गोल-गोल।

मुहल्ले से लेकर राष्ट्रीय, अन्तर्राष्ट्रीय स्तर तक सारे पुरस्कारों को झपटने के लिए बेशरमाई अकूत होनी चाहिए। कविता भले ही कमजोर हो परन्तु प्रोफाइल मजबूत होनी चाहिए। साल भर खूब सेवा की तब जाकर आज हम खुशियों के झूले में झूले

गुरुदेव ने बताए पुरस्कार कबाड़ने के कुछ शर्तिया फार्मूले :-

1

शहर के सबसे महंगे मॉल में जाईए। पाँच छै हीरो टाइप की मॉडर्न ड्रैस लाइए। बढ़िया ब्यूटी पार्लर की सेवाएं लीजिए अपने मनहूस थोबड़े को थोड़ा रौबदार, थोड़ा ग्लॉसी कीजिए। जब पर्सनेलिटी में आ जाए सत्तर टका नखरा, तीस टका स्टाइल। तब चलेगी पुरस्कार, सम्मान की असली फाइल।

2

दो कविताओं को तोड़कर चार बनाइए। प्रत्येक टुकड़े पर पाँच विद्वानों से पचास, पचास पेज की प्रशंसा लिखवाइए। जब चार भाषाओं में उसका हो जाए अनुवाद उसके बाद किसी चित्रकार को कीजिए याद। अभी सुनने में लग रहा होगा विचित्र। लेकिन कविता के हर टुकड़े पर बनेंगे कम से कम पाँच चित्र। फिर अपनी बीस साल पुरानी घने काले लहराते बालों और डिम्पल युक्त गालों वाली तस्वीर से कवर और बैक पेज को बनाइए चमकदार

लो बातों बातों में हो गईं दो कविताओं की शानदार चार किताबें तैयार।

3

अपनी इन किताबों को राजनीति, साहित्य, संगीत, फिल्म, क्रिकेट सभी फील्डों की हस्तियों को भेंट कर उनके साथ फोटो खिंचवाते रहिए और तुरन्त प्रभाव से सोशल मीडिया पर चिपकाते रहिए।

4

सबसे अधिक इस फार्मूले पर देना होगा ध्यान, समय समय पर सत्ताधारी नेताओं, सांसदों मंत्रियों का करते रहिए आसमान फाड़ू गुणगान। अब बच्चू बताओ कहाँ बचकर जाएगा पुरस्कार और सम्मान।

5

कम लागत में जल्दी अन्तर्राष्ट्रीय होना है तो अपने खर्चे पर नेपाल, भूटान टाइप के देशों के लगा आइए टूर, फिर देखिए पुरस्कार, सम्मान कैसे रहते है इंच भर भी दूर।

हमने गुरुदेव के बताए सभी फार्मूलों को आजमाया है। परिणामस्वरूप आज हम मात्र दो कविताएं लिखकर दर्जनभर पुरस्कारों से लैस लोकप्रिय अन्तर्राष्ट्रीय कवि हैं। आज हमारे पास पैसा है, शोहरत है, बंगला है गाड़ी है। सच बताएं अब तो जल्दी पुरस्कार कबाड़ने के लिए कुलबुलाती किसी नवजात कवयित्री के दादा बनने की हमारी भी पूरी तैयारी है।

**

18. मंच है टंच

बेटी बचाओ बेटी पढ़ाओ अभियान को बल देने के लिए यह कवि सम्मेलन आयोजित था। अभियान को कितना बल मिला यह तो नहीं पता लेकिन मंच पर बारह कवि और एक कवयित्री की उपस्थिति देखकर मेरे माथे पर अवश्य बल पड़ गए।

कुछ दिन पहले एक कवि सम्मेलन में भाग लेने का दुर्भाग्य प्राप्त हुआ। प्रत्येक कवि को सुनते हुए लगा कि इसमें और देर भाग लूं या वहाँ से भाग लूँ। क्यों?, क्या? कैसे ? अब क्या बताऊँ? बेटी बचाओ बेटी पढ़ाओ अभियान को बल देने के लिए यह कवि सम्मेलन आयोजित था। अभियान को कितना बल मिला यह तो नहीं पता लेकिन मंच पर बारह कवि और एक कवयित्री की उपस्थिति देखकर मेरे माथे पर अवश्य बल पड़ गए। कार्यक्रम के अध्यक्ष एवं मुख्य अतिथि ने बाकायदा जूते चप्पल पहनकर बड़े गर्व के साथ माँ सरस्वती के चित्र पर प्लास्टिक के फूलों से निर्मित माला को अर्पित किया। तत्पश्चात बिजली का बटन दबाकर इलेक्ट्रिक दीप प्रज्ज्वलित किया गया। साथ ही दोनों अतिथियों ने अपने-अपने स्मार्ट फोन से मुस्कुराते हुए पोज़ बनाकर सैल्फी ली और कार्यक्रम प्रारम्भ हुआ।

संचालक महोदय ने अपने प्रारम्भिक वक्तव्य में नॉन स्टॉप सन्दर्भ प्रसंग रहित दस चुटकुले सुनाए और गर्व से कहा कि मैं सारी रात अकेला ही सुना सकता हूँ लेकिन सबका पेमेंट जस्टीफाई होना है इसलिए क्रम को आगे बढ़ाता हूँ। सरस्वती वन्दना में टाइम बर्बाद करने से कोई फायदा नहीं है। इसलिए पहले कवि को बुलाता हूँ।

पहला हास्य कवि माइक पर आया। आते ही उसने जोर का ठहाका लगाया और बोला मैं ठहाकों के मामले में आत्मनिर्भर हूँ। श्रोताओं का क्या भरोसा वो मेरे सैट किए जोक्स पर ठहाके लगाएँ, न लगाएँ। ठहाके ही तो मेरी पूंजी है किसी ने ठीक कहा है

"आत्मनिर्भरता ही सफलता की कुंजी है"। दस मिनिट घिसे घिसाए जोक्स की चटनी बनाकर उसने किया प्रस्थान।

अब आया देशभक्ति की बात करने एक वीर रस का पहलवान। आते ही उसने माइक को स्टैंड से उखाड़ा फिर जोर से दहाड़ा। तोड़ दो, फोड़ दो, पाकिस्तान की गर्दन मरोड़ दो। श्रोताओं ने उसकी बात सुनकर जोरदार तालियाँ पीटीं। वीर रस का कवि जोश में आ गया। अल्लामा इक़बाल के चार पाँच शेर अपने बताकर सुना गया। किसी को फाँसी पर लटकाया, किसी को कुत्ता बताया। किसी को उठाया, किसी को गिराया। फिर क्या था तालियों के शोर के अनुपात में वीरता का जुनून बढ़ता जा रहा था। आयोजकों, संयोजकों का उत्साह कवि सम्मेलन को सफल होते देख चढ़ता जा रहा था।

अब आया क्रम गीतकार का। ये भी निकला उसी प्रकार का। उसने दस मुक्तक, एक चुम्बनीय गीत विथ पन्द्रह शेर, बारह चुटकुले सिसकियाँ और आहें भर भरकर आर्केस्ट्रा की गायकी के अंदाज़ में आवाज की चाशनी में भिगो-भिगोकर श्रोताओं पर उछाले। मंच पर उपस्थित एक मात्र कवयित्री को देख-देख कर लार टपकाते हुए दाँत निकाले। समूचे वातावरण में ठर्रे सा उन्माद छा गया। मूंगफली खाते हुए चवन्नी छाप दर्शक ने जोर से कहा भिड़ू मज़ा आ गया। आयोजक संयोजक फूले नहीं समा रहे थे। प्रायोजक उन्हें आगामी कार्यक्रम की डेट लिखा रहे थे।

फिर कवि सम्मेलन ने नया मोड़ लिया। संचालक महोदय आवाज में मादकता भरकर एक मात्र झिलमिलाती कवयित्री को कनखियों से देखते हुए माइक को बिलकुल होंठों के पास लाकर फुसफुसाए बोलो श्रोताओं अब किसे बुलाएँ। श्रोताओं में झुरझुरी छा गई। पूरे माहौल में लिजलिजाहट समा गयी। संचालक का गुरुत्वाकर्षण केन्द्र डोलने लगा। वो किसी एडल्ट फिल्म का डायलॉग धाराप्रवाह बोलने लगा। अब आ रही हैं गीत ग़ज़लों की मल्लिका, मंच की पिपासा, लाखों दिलों की धड़कन सौन्दर्य रस की मोहिनी मिस अनटच्ड छुईमुई। इनके अन्दाज में जादू है आवाज में नशा है। बच्चा, बूढ़ा, जवान कोई भी इनसे नहीं बचा है। अनटच्ड छुईमुई अपनी भारी-भरकम प्रशंसा सुनकर बाग-बाग हुई जा रही थी। दर्शकों को उसकी हर अदा भा रही थी।

जैसे-तैसे वो अपने झिलमिलाते कॉस्ट्यूम को सम्हालती इठलाती बड़े माइक पर आयी। आते ही उसने संचालक पर मीठी सी नज़र घुमायी। और बोलने लगी। सरपथम माँ सुरसती को पनाम करती हूँ। आप सभी सोताओं को नमन। संचालक ने बीच में टोका पण्डाल में नशा छाया है। ये सब तो बाकी कवि कर लेंगे। तुम तो वो करो जिसके लिए तुम्हें बुलाया है। फिर कवयित्री और संचालक की पूर्वनिर्धारित अश्लील नौंक-झौंक शुरू हो

गयी। भोली जनता भूल ही गयी कि ये कवि सम्मेलन है या सोनपुर का मेला और बिस्तरीय सवाल-जवाब में खो गयी। संयोजक, आयोजक और प्रायोजक टुल्ल थे। क्योंकि उनके आगे के शो हाउस फुल थे।

गजब हो गया। एक कवि सम्भवतः कई रातों का जगा था इसलिए मंच पर बैठे-बैठे ही सो गया।

एक कवि देरी से आया। संचालक ने आते ही कवितापाठ के लिए उसे बुलाया। वो बिलकुल नहीं हड़बड़ाया। प्रोफेशनल अंदाज़ में पहला चुटकुला सुनाया। श्रोता बोले ये हो गया। उसने ताबड़तोड़ दूसरे चुटकुले का गोला दागा, श्रोता बोले ये भी हो गया। तीसरे, चौथे चुटकुले पर भी श्रोताओं की यही प्रतिक्रियाएँ आयीं तो कवि ने झुंझलाकर कहा मैं तो अभी आया हूँ मुझसे पहले मेरी ये महान कविताएँ किसने सुनायीं?

हर एक ने अपने-अपने तरीके से श्रोताओं से खड़े होकर, बैठकर, लेटकर, हाथ ऊँचे करके कह-कहकर, धमका-धमकाकर तालियाँ बजवाईं। समस्त कवियों का दामन कविता से खाली था। उनका तो एक मात्र लक्ष्य ताली था। एक कवि जोश में चिंघाड़ा मेरी कविता पर वे ही लोग ताली बजाएँ जिन्हें ये समझ में आ जाए। लगा जैसे अब वेद की गूढ़ ऋचाओं का गायन होने वाला है क्या पता था जिन पंक्तियों के लिए ये समूचे श्रोता समूह की समझ को ललकार रहा है वो भी सड़ा-सड़ाया आउटडेटेड चुटकुला है जिसे इसने छन्द में ढ़ाला है।

संचालक समेत सभी कवि और एक मात्र कवयित्री ने खूब तालियाँ पिटवाईं, खूब ठहाके लगवाए, खूब जोश भरा। श्रोता खुश, कवि प्रसन्न। संयोजक, आयोजक, प्रायोजक हुए मालामाल। कवि सम्मेलन सफलतापूर्वक सम्पन्न।

कवि सम्मेलन में सब कुछ फाइव स्टार था। कवियों के लिए भारी भरकम लिफाफे, स्टेज की सजावट, कवियों की बनावट, श्रोताओं के लिए बैठक व्यवस्था, माइक की शानदार अवस्था, प्रचार, प्रसार, मीडिया कवरेज, कवि सम्मेलन के पश्चात भोजन सभी कुछ टंच था। सभी खुश थे। सफल मंच था। इतने शोरगुल में, शायद ही किसी ने महसूस किया कि निराला से नीरज तक प्रवाहित रस सरिता कहीं खो गयी थी। सब तालियाँ पीट-पीटकर हँस रहे थे लेकिन कवि सम्मेलन में बेचारी कविता ही थी जो फूट-फूटकर कर रो रही थी।

**

19. स्वतंत्रता दिवस, चाय-पकौड़े और देशभक्त बुद्धिजीवी

हम घुटेघुटाए बुद्धिजीवी देशभक्त हैं इसलिए घर के सोफे पर पसरे-पसरे चाय सुड़कते और पकौड़े सूतते हुए लालकिले से प्रधानमंत्री के भाषण की नुक्ताचीनी करना, मीडिया वालों को आड़े हाथों लेना, राजनीतिक बहस मुबाहिसा कर करके निष्कर्ष निकालना कि अब इस देश का कुछ नहीं हो सकता ये हमारा अनेक वर्षों से पन्द्रह अगस्त का फिक्स वार्षिक कार्यक्रम है।

स्वतंत्रता दिवस को देर से उठकर अलसाते हुए चाय की चुस्कियों के साथ टेलीविजन पर दिल्ली के लालकिले से सीधा प्रसारण देखने में जो चैन है वो और कहाँ छैः। छुट्टी के दिन अलसुबह उठकर लालकिले तक जाएँ? हमारा दिमाग खराब है क्या? हम तो लिफ्ट से उतरकर अपार्टमेंट के कैम्पस में आयोजित झण्डावन्दन में भी कभी नहीं गए। छुट्टी है भाई। कोई ऐसी वैसी छुट्टी भी नहीं। स्वतंत्रता दिवस की छुट्टी है। सो हम स्वतंत्र हैं देर तक सोने, अलसाने और टीवी के सामने पड़े सोफे पर पसरे रहने के लिए। हम सच्चे देशभक्त हैं। स्वतंत्रता दिवस को लालकिले पर होने वाले मेगा शो के एक-एक इवेंट पर नजरें गड़ाए रखते हैं। हमने सुन रखा है कि नजर चूकी और माल पराया। सो हम कोई रिस्क नहीं लेते हैं। देशभक्त होने का परिचय देते हैं। हमें आशंका रहती है कि कहीं ऐसा न हो कि हमारी नजरें हटते ही जैसे लालकिला ठेके पर उठा दिया गया वैसे कहीं पूरा देश ही ठेके पर न उठा दिया जाए। इसलिए हम पूर्व संध्या से ही टेलीविजन के रिमोट को अपने कन्ट्रोल में ले लेते हैं। तिहत्तर वर्ष पहले चूक गए थे तो सुसरों ने देश के सिर का एक हिस्सा ही काटकर अलग कर दिया। अलग हुआ सिर अभी तक भन्ना रहा है। उस भन्नाहट से देश का पूरा तंत्र झन्ना रहा है।

आपको क्या?आप अपना काम कीजिए। गणेश जी को ज्ञान मत दीजिए। क्योंकि हम घुटे-घुटाए बुद्धिजीवी देशभक्त हैं इसलिए घर के सोफे पर पसरे-पसरे चाय सुड़कते और पकौड़े सूतते हुए लालकिले से प्रधानमंत्री के भाषण की नुक्ताचीनी करना, मीडिया वालों को आड़े हाथों लेना, राजनीतिक बहस-मुबाहिसा कर-करके निष्कर्ष निकालना कि अब इस देश का कुछ नहीं हो सकता ये हमारा अनेक वर्षों से पन्द्रह अगस्त का फिक्स वार्षिक कार्यक्रम है।

सच कहें तो इस बार के भाषण में कुछ स्वाद सा नहीं आया। जब तक पाकिस्तान को गरियाया नहीं जाए, शाब्दिक जूतों द्वारा बढ़िया से पूजा न की जाए तब तक जी में ठण्डक सी नहीं पड़ती। इन्होंने उस नालायक को गरियाना तो दूर उसका नाम तक नहीं लिया। उस......का नाम सुनने से ही तो हमारे जिगर में देशभक्ति उफान मारती है और उस उफान के चक्कर में हम चार-छै प्लेट पकौड़े और डकार जाते हैं। ये बात अलग है कि बाद में दिन भर पेट में बेसन सनसनाता रहता है और हमारे पास बैठने वाला खुशबू में नहाता रहता है।

खैर, इस बार ऐसी-ऐसी बातें लालकिले की प्राचीर से हुईं कि लालकिले को अपने लालकिला होने पर सन्देह होने लगा। लालकिला सोचने लगा कि जोर-शोर से भाईयों बहनों को जिस 370 धारा की बात बताई जा रही है कहीं ये वही धाराएँ तो नहीं हैं जो वर्षों से मेरी दीवारों के कोनों पर मुझे देखने आने वाले प्यारे देशवासियों द्वारा बहायी जा रही हैं? मैं दिल्ली का लालकिला हूँ। मेरा भी कुछ स्वाभिमान है, रुतबा है। मैंने अपनी प्राचीर से कईयों को सुना है। ये बात और है कि हर बार इसी तरह सिर धुना है।

बरसों से मेरे कानों को लिखा लिखाया, पढ़ा पढ़ाया, रटा रटाया, सुना सुनाया भाषण बार-बार सुनने की लत पड़ चुकी है। और ये हैं कि दनादन दनादन बिना पटरी के बुलेट ट्रेन चलाते चले जाते हैं। न खुद साँस लेते हैं न जनता को लेने देते हैं। 90 मिनट नॉन स्टॉप भाषण देने के बाद अगले को याद आता है कि बरसात का मौसम है। बादल कभी भी बहन जी की तरह अपनी ममता बरसा सकते हैं। याद आने के बाद भी वाइन्डप करते करते दस, पन्द्रह मिनट वैसे ही और हो जाते हैं जैसे अधिकांश पुश्तैनी कवि अन्तिम चार पंक्तियाँ सुना रहा हूँ कह-कहकर बत्तीस पंक्तियाँ रिपीट कर-करके पूरे आलाप के साथ फेंकने में आधा घण्टा खा जाते हैं।

मैं लालकिला हूँ। मेरे कानों को आदत है यह सुनने की कि भारत एक गरीब देश है। भुखमरी चरम पर है। हमें गर्व है कि विकसित देशों ने हमारी जर्जर दशा को देखते हुए कृपा पूर्वक हमारे कटोरे में भीख के टुकड़े फेंके हैं इसके लिए हम आजीवन उनके ऋणी रहेंगे। क्योंकि एक ऋण चुकाने से पहले दो कटोरे एडवांस में आगे करने की कला में हमारा कोई

सानी नहीं। फिर भीख मांगना हमें कब खला है। भीख मांगना तो सबसे बड़ी कला है। कई अमीर देश हमें भीख देते-देते स्वयं भिखारी हो गए। हमने अपनी अमीरी कभी शो ऑफ नहीं की। हमने अपने भिखारीपने के स्टेटस को बराबर मेंटेन रखा। इनको जुम्मा-जुम्मा पाँच-छै साल हुए हैं। ये क्या जानें गरीब दिखते रहने का स्वाद।

गरीबी, भुखमरी सुनने के आदी मेरे कान इनके लच्छेदार भाषण को झेल नहीं पाए। पिंचानवे मिनट के भाषण में न गरीबी का मुद्दा उठा और न ही भुखमरी का। शौचालय से चन्द्रयान तक के सफर में गरीबी, भुखमरी, बेरोजगारी के परमानेंट स्टोपेज ही गायब कर दिए। उसकी जगह प्यारे देशवासियों को दो अक्टूबर से गाँधी जी के नाम पर झोलाछाप बनने की सलाह दे डाली। जो झोलाछाप नहीं होगा उसे अपने बटुए में बन्द गुलाबी गाँधी जी को स्वतंत्र करके हवलदार के हवाले करना पड़ेगा।

इन्होंने प्यारे देशवासियों में, भाइयों बहनों में अपने भाषण के पम्प से उत्साह की हवा भरने की भरसक कोशिश की। लेकिन हम सौ प्रतिशत सर्टिफाइड बुद्धिजीवी देशभक्त। हर बार की तरह खूब चिंतन मन्थन करने के उपरान्त इस बार भी उसी नतीजे पर पहुँचे हैं कि इस देश का कुछ नहीं हो सकता। इसलिए हम अपनी आगे आने वाली सात पीढ़ियों तक पन्द्रह अगस्त को घर के ड्रॉइंगरूम में सोफे पर पसरे-पसरे चाय पकौड़ों का लुत्फ उठाते-उठाते आजीवन और अधिक पसरते जाने की स्वतंत्रता चाहते हैं।

हमने आपको चुना है। अब जो करना है आप करो। शौचालय बनवाओ, झोला टंगवाओ, धारा हटाओ, स्वच्छता अभियान चलाओ, विदेशों में सम्मान करवाओ, चन्द्रमा पर यान भिजवाओ, ऊँची नींची कैसी भी झोंको। बस हमें मत रोको। हम तो देशभक्त बुद्धिजीवी हैं। उसी की गाते हैं जो हमें खाली पीली भाषण नहीं पिलाते हैं बल्कि मुफ्त में बिना रुकावट निरन्तर गरमागरम चाय के साथ स्वादिष्ट पकौड़े खिलाते हैं।

**

20. न्यू अर्वाचीन ग्लोबल स्कूल

कुकुरमुत्ते की तरह उग रहे गली-कूचों के छोटे-छोटे ग्लोबल स्कूलों से लेकर बड़ी बड़ी प्राइवेट यूनिवर्सिटियों तक जो तगड़ी फीस खेंचू इंग्लिश मीडियम गेंग के प्रणेता हैं उनमें से ज्यादातर के सरगना हिन्दी बचाओ, इंग्लिश हटाओ अभियान चलाकर अपनी राजनीति चमकाने वाले बड़े- बड़े नेता हैं।

हुआ यूं कि जब सुबह दूध लेने जा रही थी तब गली के मोड़ पर ठिठक कर खड़ी हो गयी। अचानक गली का दृश्य आँखों को कुछ बदला-बदला सा लगा। चारों ओर ध्यान से देखा। कुछ तो अवश्य बदला है यहाँ। लेकिन क्या बदला है समझ नहीं आ रहा था। अतिरिक्त सुगन्ध बिखेरता हुआ कूड़े का ढ़ेर वैसा ही पुरातनकालीन है, बिजली के खम्भों पर लटकते हुए तारों के झुंड पूर्ववत हैं, गुप्ता जी और सरदार जी की पार्किंग के लिए आपस में झांए-झांए कर लगभग गलबहियाँ डालती हुई गाड़ियाँ रोज़ की तरह भिड़ी खड़ी हैं, स्पेशली कुत्तों के लिए बने ब्राण्डेड फूड से गले तक भरे पेट के बोझ से दबे राजधानी की सड़कों के अनब्राण्डेड डॉगीज अलसाए पड़े हैं, दड़बेनुमा एल. आई. जी. फ्लैटों से सुबह-सुबह प्रैशर कुकर की सीटियों की हड़बड़ाहटी बड़बड़ाहटें रोज की तरह ही आ रही हैं। फिर बदला है तो क्या बदला है यहाँ? अरे हाँ। ये हरे पीले रंग की नई-नई बिल्डिंग? कल तक तो नहीं थी यहाँ! तो यही बदला है। जे ई मैंने कही कुछ तो बदला है। अब आया है पकड़ाई में। लेकिन यहाँ तो सदियों पुरानी हड़प्पा कालीन जर्जर टाइप की टपरी थी। रातों रात काया पलट। घूरे के भी दिन फिरते हैं अभी तक सुना ही था लेकिन देखा आज पहली बार। बिल्डिंग के ऊपर बड़ा सा शानदार चमकदार बोर्ड लगा था। जिस पर लिखा था न्यू अर्वाचीन ग्लोबल स्कूल। अरे वाह। इतना फास्ट फॉरवर्ड ज़माना ! सिटी, स्टेट, नेशनल, इन्टरनेशनल, को धता बताकर फलांघते हुए डायरेक्ट ग्लोबल? न्यू अर्वाचीन ? रंग-रोगन होते ही जर्जर टपरी वैसे ही ग्लोबल हो गयी जैसे आजकल कवि सम्मेलनों के मंचों पर

जुम्मा-जुम्मा दो दिन पहले आए इंटर पास कवि, कवयित्रियाँ टीवी स्क्रीन पर दिखते ही डॉक्टर और प्रोफेसर हो जाते हैं या जैसे ब्यूटी पार्लर के गेट से अन्दर गयी पैसठ साल की अम्मा रंग रोगन करवा कर पैंतालीस साल की मैडम बनकर बाहर निकलती है। खैर।

दूध लेकर वापस आ रही थी तब तक स्कूल का गेट खुल चुका था। ग्लोबल स्कूल की खासियत देखने उत्सुकतावश मैं गेट के अन्दर चली गयी। अचानक ताजे-ताजे उगे इस स्कूल के रिसेप्शन काउंटर पर एयर होस्टेस टाइप टाइट ड्रेस में फँसी 25, 30 वर्ष की लिपी पुती बाला अपने हाईलाईटेड बालों को बार-बार झटकते हुए काउंटर पर रखे कागजों को जमाने में व्यस्त थी। उसकी शकल किसी से मैच कर रही थी। पर किससे?

ओफ्फो ये तो राम दुलारी है। शर्माईन के यहाँ झाड़ू पोंछा करती थी। कितनी सूगली सी थी। यहाँ तो इसका एडवांस वर्जन दिखाई दे रहा है। पूरी इंग्लिश मीडियम हो गई है। रिसेप्शन के पास ही बड़े से शो केस में अभी-अभी शो रूम से निकलीं शानदार चमचमाती हुयी ब्राण्ड न्यू शील्डें और ट्रॉफियाँ खिलखिला रहीं थीं। दीवार पर टंगे बोर्ड पर दसवीं और बारहवीं कक्षा में डिस्टिंक्शन से पास हुए होनहार छात्र-छात्राओं के नाम, मय फोटुओं के भौंहें मटकाते हुए मुस्कुरा रहे थे। रिसेप्शन के दोनों ओर फर्श पर शिक्षा विभाग की फाइलों पर रखे वजन के अनुपात में प्लास्टिक के फूलों के गमले अट्टहास करते हुए खड़े थे। पूरे वातावरण में ठीक वैसी ही कड़कदार गन्ध थी जैसी गुलाबी नोटों की नई-नई गड्डियों में पहली मुंह दिखाई के समय होती है।

रिसेप्शन के साथ लगे बैनर पर छपा था एडमीनशन ओपन। फुल इंग्लिश मीडियम न्यू अर्वाचीन ग्लोबल स्कूल। (पुराने अर्वाचीन स्कूल से कोई सम्बन्ध नहीं है।)

बैनर पर छपा चित्र कुछ-कुछ पहचाना सा लगा। थोड़ा सा जोर दिया तो दिमाग की ट्यूबलाइट लुकलुकाकर आखिरकार जल ही गई। अरे ये तो इस वार्ड का वही पार्षद है जिसने अंग्रेजी हटाओ, हिन्दी बचाओ अभियान छेड़ रखा है। पिछले दिनों अंग्रेजी के पोस्टर फाड़ने के कारण टीवी पर खूब छाया रहा था ये। तो अंग्रेजी भगाओ हिन्दी बचाओ वाले का है ये फुल इंग्लिश मीडियम स्कूल! हे भगवान।

मैं अभी तक कथनी करनी के महा अन्तर के झटके से उबरी भी नहीं थी कि रामदुलारी आई मीन रिसेप्शनिस्ट ने पूछ लिया। मे आई हैल्प यू मैडम। एडमीशन ओपन है टीचरों के भी और बच्चों के भी। आपको कौन सा फारम दूं टीचर वाला या बच्चों वाला? अरे वाह टीचर नहीं हैं और स्कूल चालू? रामदुलारी का इंग्लिश वर्जन रटा-रटाया सब उगलने को बेताब था। टीचर का फारम 250 रुपए का है और बच्चों वाला 500 रुपए का है। मेरे मौन रहने पर उसने बच्चों के एडमिशन का फारम मेरी ओर बढ़ाते हुए बताया ये इस्कूल इस

एरिया का नम्बर एक इस्कूल है। यहाँ इतना होमवरक दिया जाता है कि बच्चे को गरदन उठाकर इधर उधर देखने तक की फुरसत नहीं मिलती। यहाँ से निकले हुए बच्चे डिसिप्लिन होते हैं। टाइम टेबल को इतना फॉलो करते हैं कि आगे जाकर खुद टाइम टेबल हो जाते हैं। कॉपियाँ, बुक्सें, यूनीफारम यहीं से मिलता है।

म्यूजिक, डान्स, स्पोर्ट्स, कम्प्यूटर सबके अलग-अलग सैक्शन हैं। मैडम ये खास इसलिए भी है क्योंकि केवल इसी स्कूल का डायरेक्ट हार्वर्ड से कनेक्शन है। यहाँ का सिस्टम इतना हाई है कहीं और समझ में नहीं आता है। तभी तो हर पेरेन्ट बच्चे को यहीं लाता है। पूरी दुनिया में इसकी धाक है बहुत बड़ा सरकल है, इसीलिए ग्लोबल है। स्वीमिंग पूल, जिम, सब है यहाँ। टोटल पढ़ाई इंग्लिश में होती है। हिन्दी बोलने पर सखत पाबन्दी है। उस मैडम को भी इंग्लिश बोलना कम्पलसरी है जिसका सब्जेक्ट हिन्दी है। इतना फटर-फटर सुनकर दिमाग भन्ना गया। मैंने पूछा तू राम दुलारी है न? 705 वाली शर्माइन के यहाँ झाड़ू पोंछा करती थी? वो झेंपते हुए बोली किसी और को मत बताना। पेट के लिए क्या-क्या नहीं करना पड़ता? अगर अपनी हिन्दी में रोटी मिल जाती तो यहाँ इंग्लिश में क्यों मरना पड़ता?

शिक्षा के प्रचार-प्रसार के लिए सरकार द्वारा बड़े बड़े अभियान चलाए जा रहे हैं। जनता के पैसे पानी की तरह बहाए जा रहे हैं। और वो पैसे बहते-बहते नेताओं की ही तिजोरियों में जा रहे हैं। कुकुरमुत्ते की तरह उग रहे गली कूचों के छोटे-छोटे ग्लोबल स्कूलों से लेकर बड़ी बड़ी प्राइवेट यूनिवर्सिटियों तक जो तगड़ी फीस खेंचू इंग्लिश मीडियम गेंग के प्रणेता हैं उनमें से ज्यादातर के सरगना हिन्दी बचाओ, इंग्लिश हटाओ अभियान चलाकर अपनी राजनीति चमकाने वाले बड़े-बड़े नेता हैं।

कहते हैं बच्चे देश का भविष्य हैं ये सौ प्रतिशत सत्य है। इसे झुठलाता कौन है? लेकिन ऐसे स्कूलों की चपेट में आए बच्चों का क्या भविष्य है? इस प्रश्न पर पूरा सिस्टम मौन है।

**

21. गुरु घण्टाल बनाम गिद्ध

लड़कों को ज्ञान प्राप्त करने के लिए गुरु खोजने पड़ते हैं जबकि लड़कियों का उद्धार करने गुरु स्वयं अवतरित हो जाते हैं। जैसे गुलशन में कोई कली चटकती है तो भंवरे गुंजारने लगते हैं। वैसे ही जब किसी 10, 11, 12 साल की लड़की की प्रतिभा स्फुरित होती है तब किसिम-किसिम के घण्टाल आने लगते हैं।

अन्य मामलों में लड़कियाँ भले ही स्वयं को कोस सकती हैं, सामाजिक भेद भाव का शिकार मान सकती हैं लेकिन एक मामला ऐसा है जिसमें लड़कियाँ लड़कों से कई किलोमीटर आगे दिखती हैं। धीरज रखो, बताते हैं।

लड़कों को ज्ञान प्राप्त करने के लिए गुरु खोजने पड़ते हैं जबकि लड़कियों का उद्धार करने गुरु स्वयं अवतरित हो जाते हैं। जैसे गुलशन में कोई कली चटकती है तो भंवरे गुंजारने लगते हैं। वैसे ही जब किसी 10, 11, 12 साल की लड़की की प्रतिभा स्फुरित होती है तब किसिम-किसिम के घण्टाल आने लगते हैं।

जब कक्षा आठ की छै माही परीक्षा में गणित विषय में हो गई फेल तब अचानक शुरू हुआ गुरु प्रगटीकरण का खतरनाक खेल। पड़ौस के मुहल्ले में रहते थे। स्वयं को उसका भाई कहते थे। इस ताक में ही बैठे थे जैसे कि कब ये लड़की हो फेल और शुरू करूं मैं अपना खेल। घर आने जाने लगे। मुहल्ला धर्म निभाते हुए बिना फीस पढ़ाने लगे। कुछ दिन बीते शराफत में। फिर जान आयी आफ़त में। रफ कॉपी के पिछले पेज पर कलात्मक कलाकृतियाँ बनने लगीं, पढ़ाते-पढ़ाते भूलवश कंधे पर हाथ लगा टिकाने। आँखों में घण्टालूपन शनै:-शनै: लगा दिखने तो उसका अबोध मस्तिष्क भी विचलायमान हुआ। वन प्लस वन ईक्वल टू टू के स्थान पर जब वन प्लस वन ईक्वल टू वन लगे पढ़ाने और कॉपी के पिछले पेज पर कलाकृतियों के रंग लगे अधिक गहराने तब बड़ी हिम्मत कर मम्मी को बताया और बमुश्किल इस घण्टाल से पीछा छुड़ाया।

कक्षा नौ में किशोर हृदय में जगा भाव। कविता लिखने पढ़ने का बढ़ने लगा चाव।

चाव लगते ही गुरु अवतरित हो गए। आदिकाल, भक्तिकाल को फलांघकर डायरेक्ट रीतिकाल विस्तारपूर्वक समझाने लगे। धीरे-धीरे ये भी अपना असली रंग दिखाने लगे। कुछ समय पश्चात अनेक गुरुओं के मध्य उसे महादेवी वर्मा बना डालने की ऐसी लगी होड़ कि परेशान होकर वो अपना सिर फोड़ती इसके पहले गुरुओं ने ही दिया एक दूसरे का सिर तोड़।

भाव था पर शिल्प नहीं था। ऐसे घण्टालों से सीखने का भी विकल्प नहीं था। इसलिए वो किताबों की ओर मुड़ी। लेकिन वहाँ भी घण्टालों की टोलियाँ आ जुड़ीं। कौन सी किताब पढ़नी चाहिए कौन सी नहीं किससे लाभ है किससे हानि। लाइब्रेरी में बढ़ने लगी घण्टालों की कहानी। उसने लाईब्रेरी जाना भी कर दिया बन्द लेकिन फिर भी कम नहीं हुए घण्टालों के छल छन्द।

प्रतिभा थी, सीखने की भी प्रबल थी इच्छा लेकिन सब तरफ गुरुओं की जगह घण्टाल ही आतुर थे देने को दीक्षा। अनेक महाकवियों की पंक्तियां सुना सुनाकर समझाते रहे कि गुरु के प्रति सम्पूर्ण समर्पण ही काव्य रचवाता है। गुरु के स्पर्श मात्र से लोहा सोना बन जाता है।

नगर की काव्य गोष्ठियों में गई। वहाँ की तो फिजा ही थी नई-नई। दादा कहलवाने के इच्छुक अनेक महापुरुष सठिया जाते। महिला रचनाकारों के साथ अपने झूठे सच्चे प्रेम प्रसंग चटखारे ले लेकर सुनाते। उसकी ओर कसमसाई दृष्टि से देखते। आँखों-आँखों में आँखें सेंकते हुए रेंकते कि काव्य के क्षेत्र में तभी आगे बढ़ोगी जब इस तरह के रसीले पाठ पढ़ोगी। उसके संकल्प बहुत कुछ सीखने पर अड़े थे लेकिन कैसे सीखते? चारों ओर तो गिद्ध ही गिद्ध खड़े थे। उसकी हम उम्र सहेलियों के अनुभव भी नहीं थे अलग। बहुतों ने मान ली थी हार। परेशान होकर किसी ने कॉलेज छोड़ दिया था तो किसी ने ये संसार।

ये उम्र पंख फैलाकर निशंक उड़ने की है, अनेक कलाओं से जुड़ने की है। इसी उम्र में होती है कुछ नया कर गुजरने की ललक, इसी उम्र में दिखती है सुनहरे भविष्य की झलक। इसी उम्र की आँखों में पलते हैं सतरंगी सपने, इसी उम्र में पराए भी लगने लगते हैं अपने। ब्रह्माण्ड के रहस्य खोजने का होता है माद्दा, परिवर्तन करने की होती है जिद्द लेकिन विडम्बना देखिए इसी उम्र के पंख नोंचने को लालायित मण्डराने लगते हैं खतरनाक चील, कौए और गिद्ध।

सरकार कहती है बेटी बचाओ, बेटी पढ़ाओ। लेकिन नए ज़माने की बची हुई बेटियों पहले अपने आप को मजबूत बनाओ। गुरु घण्टालों को सबक सिखाओ। पलायन की राह नहीं पकड़नी है। ये हमारी लड़ाई है, हमें ही लड़नी है। बिना लड़े हरगिज़ मत हारो। स्वयं के सपनों को नहीं इन गुरु घण्टालों में छिपे गिद्धों को मारो।

**

22. बूफेबाज

शुरू-शुरू में तो सलाद की सजावट देखते-देखते सम्पूर्ण कलात्मकता से भर जाते थे। इतनी देर में तो हमारे साथी 10, 11 गुलाबजामुन, 4 प्लेट आईसक्रीम और न जाने क्या-क्या साफ कर जाते थे। अब हम बिलकुल टाइम वेस्ट नहीं करते। न मेजबान को देखते हैं न दूल्हा-दुल्हन के आने को देखते हैं। अब हम सिर्फ और सिर्फ खाने को देखते हैं।

आज हम घुटे घुटाए बुफेबाज बन चुके हैं। सुस्वागतम वाले गेट से अन्दर जाते ही पहली नज़र में समझ जाते हैं कि चाट कहाँ रखी है, स्वीट किस कॉर्नर में छुपा हुआ है। चाईनीज, साउथ इंडियन, कॉन्टिनेंटल से लेकर सलाद की वैरायटी और मेन कोर्स में पनीर के आईटम के साथ-साथ फ्रूटचाट, शरबत, कोल्डड्रिंक और तो और चाय कॉफी, पान तक की लोकेशन हमारी बुफेबाज नज़र पलक झपकते ट्रैस कर लेती है। फिर लक्ष्य निर्धारित करके आक्रमण होता है।

मेजबान दिखे या ना दिखे पिज्जा, चाऊमीन बराबर दिखाई दे जाता है। वैसे भी मेजबान तो अभी नहीं तो घण्टे भर बाद दिख ही जाएगा लेकिन पिज्जा की कोई गारंटी नहीं है। इसीलिए अपनी बूफेबाज़ टैक्निक अपनाते हैं। मेजबान से पहले पिज्जा निबटाते हैं।

आप पूछेंगे कि बूफे खाने का ये कौशल हमें कैसे आया? तो "करत-करत अभ्यास के जड़मति होत सुजान" हमें अच्छी तरह याद है आज से पच्चीस साल पहले जब हम किसी शादी समारोह में जाते थे तब अक्सर बिना खाए ही लौट आते थे। रात को ग्यारह-बारह बजे घर आकर कई बार दूध के साथ ब्रेड खाकर सोना हम कैसे भूल सकते हैं।

बड़े सिकुड़े से थे तब हम। जाने किस बात का संकोच था। कभी मेजबान ने खाने के लिए कहा ही नहीं फिर अपने आप कैसे खाने लग जाएं। इसलिए नहीं खाते थे। कभी-कभी तो बारात नहीं आयी अभी कैसे खाने लग जाएं। बारात आएगी, वरमाला होगी तभी तो

खाएंगे। इसलिए नहीं खाते थे। कभी पहले शगुन दे दें फिर खाएंगे इसलिए नहीं खाते थे। 11 बजे से पहले बारात नहीं आती थी। 12 बजे से पहले वरमाला नहीं निपटती थी। जब तक वरमाला निबटती थी उसके पहले खाना निपट जाता था। और बड़े बेआबरू होकर तेरे कूचे से हम निकले जैसे अपना सा मुंह लिए घर लौट आते थे। शादी में शगुन का 1001/- फ्लेट रेट चल रहा है। आने जाने में लगा तेल और निकला तेल अगर जोड़ दिया जाए तो एक शादी एवरेज 2000/- की पड़ती है। 2000/- रुपए लगाकर जब अनेक बार बिना खाए लौटने की बेवकूफी कर चुके तब हमारे दिमाग की बत्ती लुकलुकाई। फिर धीरे-धीरे पूरी जली और हम पक्के बुफेबाज़ बन गए।

शुरू-शुरू में तो सलाद की सजावट देखते-देखते सम्पूर्ण कलात्मकता से भर जाते थे इतनी देर में तो हमारे साथी 10, 11 गुलाबजामुन, 4 प्लेट आईसक्रीम और न जाने क्या-क्या साफ कर जाते थे। अब हम बिलकुल टाइम वेस्ट नहीं करते। न मेजबान को देखते हैं न दूल्हा-दुल्हन के आने को देखते हैं। अब हम सिर्फ और सिर्फ खाने को देखते हैं।

कई बार हम गलती से शर्मा जी की जगह वर्मा जी की शादी में पहुँच गए। पर हमने तनिक भी संकोच नहीं किया। उससे दुगुना खाया जितना शगुन दिया।

बुफे के खाने में पहले जैसा प्यार, मनुहार, अपनापन कहाँ है बताइए

यहाँ तो आइए, खाइए और जाइए।

जैसे-जैसे खाने के आइटम बढ़ते जा रहे हैं वैसे-वैसे आगत्य कम होता जा रहा है। कार्ड पर अब भी लिखा होता है आशीर्वाद समारोह लेकिन अब खाने से फुर्सत मिले तो आशीर्वाद दें। और आशीर्वाद दें भी तो किसे दें। दुल्हन को ब्यूटी पार्लर से निकलकर आने में इतनी देर होने लगती है कि आशीर्वाद दाताओं की आँखे नींद से ढ़ेर होने लगती हैं। दूल्हे के दोस्त शराब के नशे में चूर होकर इतना नाचते हैं, इतना नाचते हैं कि वर्ल्ड के सारे डांस रिकॉर्ड तोड़ देते हैं। इंच-इंच सरक सरककर बारात जब दुल्हन के दरवाजे तक आती है तब तक आधे से अधिक आशीर्वाददाता मण्डप छोड़ देते हैं।

अब तारों की छाँव में ही वरमाला होती है, तारों की छाँव में ही होती है बिदाई। न ढ़ोलक बजती है, न गालियाँ गायी जाती हैं न ही सुनाई देती है बधाई।

न पहले सी आवभगत है न वो जज्बात है।

मेजबान एक बार खाने के लिए कह दे तो यह भी बड़ी बात है।

अब इन सब बातों को सोचने में बड़ा रिस्क है।

अपना तो खाने का टारगेट फिक्स है।

**

23. चश्मा

कोई भैया बहन जी कह देता है तो तन बदन में आग सी लग जाती है। बोलने वाले को तो कभी कुछ नहीं कहती लेकिन घर आकर नख से शिख तक सूक्ष्मदर्शी आँखों से आदमकद आईने में अपना निरीक्षण करती हूँ। उसने बहन जी कहा तो कहा कैसे?

पिछले साल पचास वां जन्मदिन मनाया था। इस साल इक्कावनवां मनेगा लेकिन फिर भी कोई भैया बहन जी कह देता है तो तन-बदन में आग सी लग जाती है। बोलने वाले को तो कभी कुछ नहीं कहती लेकिन घर आकर नख से शिख तक सूक्ष्मदर्शी आँखों से आदमकद आईने में अपना निरीक्षण करती हूँ। उसने बहन जी कहा तो कहा कैसे? क्या मैं बहनजी जैसी लगने लगी हूँ। आगे पीछे घूम-घूमकर कम से कम डेढ़ सौ बार तो देखती ही हूँ। हुम्म मूर्ख है कहने वाला फिर भी कहा तो है। शायद मेरा ड्रैस ओल्ड फैशन है। आजकल लम्बे कुर्ते के साथ प्लाजो चल रहा है और मैंने सलवार पहन रखी है। फिर जब तक मार्किट जाकर नए फैशन की पूरी स्टडी करके छः-सात डिजाइनर ड्रेस नहीं खरीद लेती और ब्यूटी पार्लर में दो-तीन हजार नहीं फूंक देती, डाई किए हुए बालों को दुबारा नहीं रंगवा लेती तब तक आत्मा को शान्ति नहीं मिलती। इवनिंग वॉक और एक्सरसाइज का टाइम जिस अनुपात में बढ़ता जाता उसी अनुपात में लंच और डिनर में रोटी कम होती जाती। असली शान्ति तो तब मिलती जब कोई हैंडसम मैम बोलता। तब लगता य्येस, आई एचीव।

आज तो गजब ही हो गया। ठेले से सब्जी खरीद रही थी कि पड़ोस वाले फ्लैट में नई-नई रहने आयी नवविवाहिता ने मुझे आण्टी जी कह दिया। पहले तो मुझे समझ में ही नहीं आया कि वो कह किसको रही है। मैं सब्जी छांटने में बिज़ी रही। उसने फिर कहा आंटी जी नमस्ते। हम दोनों के अलावा उस ठेले पर कोई और नहीं था। मैंने सिर उठाकर

देखा तो वो मुस्कुरा रही थी। उसके चेहरे की चमक और कलाईयों में भरे चटकदार चूड़ी को देखते हुए मैं चुप रही लेकिन सच कहूँ मन तो किया कि उस चुड़ैल के खुले हुए लहराते बालों को उखाड़कर हाथ में पकड़ा दूँ। दीदी कह सकती थी, भाभी भी चल जाता लेकिन डायरेक्ट आण्टी जी? पहले भाभी भी ओल्ड सा लगता था लेकिन जब से भाभी जी घर पर हैं सीरियल आया है भाभी जी शब्द रसीला और चमकीला हो गया है। चलेगा भाभी जी चलेगा। लेकिन आण्टी जी तो कत्तई नहीं। घर पहुँचकर अपनी पुरानी जींस पहनने की कोशिश की। आ तो गई लेकिन इतनी टाइट हो रही थी कि जींस पहनकर चलना-फिरना तो दूर ठीक से एक जगह खड़े रहना भी मुश्किल हो रहा था। ऊपर की साँस ऊपर, नीचे की साँस नीचे।

घर में काम करने वाली मेडों को भी बोल रखा है कि मैम बोला करें। दिन में छः-सात बार मैम शब्द सुनकर कानों से लेकर गालों तक गुलाबीपन महसूस होता रहता है।

और कॉन्फिडेंस बना रहता है।

एक बार ट्रेन में ऊपर की बर्थ पर सो रही थी तभी टीटी ने जगाकर कहा माताजी आपकी आई डी? मैं और माताजी? माताजी सम्बोधन से इतनी जोर का झटका लगा कि मैं ऊपर की बर्थ से धड़धड़ाती हुई नीचे गिरी। वो तो शुक्र है भगवान का जो नीचे एक अम्मा जी पैर लम्बे करके बैठी थीं। मैं उनके पैरों पर गिरी। उठते हुए झेंपकर मैंने कहा सॉरी अम्मा जी। आपको चोट तो नहीं आई?

अम्मा जी तो अम्मा जी निकलीं। पूरी बत्तीसी भींचकर (जबकि उनके मुँह में पाँच-छः दाँत ही बचे होंगे) चिल्लाई कौन अम्मा जी। अम्मा होगी तू। तेरी माँ। तेरी सास। तेरी नानी। मैं तुझे अम्मा दिखाई दे रही हूँ?

चशमा लगा चशमा।

मुझे लगा सही में मुझे चशमा लगाने की आवश्यकता है।

**

24. अखिल भारतीय प्रगतिशील महिला सम्मेलन

वैधानिक चेतावनी- इस व्यंग्य लेख के सारे पात्र और उनके नाम काल्पनिक हैं। मेरा उद्देश्य किसी व्यक्ति, धर्म, सम्प्रदाय की भावनाओं को आहत करना नहीं है। कृपया पोस्ट ग्रेजुएट से कम क्वालिफिकेशन रखने वाले पाठक इसे न पढ़ें।

मोबाइल की घण्टी बजी। फोन उठाया तो

भारी सी आवाज आई :- हैलो

मैं प्रगतिशील महिला मंच की प्रेसिडेंट मिस खुर्राट खटाखट। आप?

मैंने अपना नाम बताया तो मिस खुर्राट खटाखट अपनी आवाज किंचित नरम करके बोलीं नमस्कार। मैंने थोड़ी देर पहले फोन किया था। आपने उठाया नहीं। इस बार भी नहीं उठातीं तो ये गोल्डन अपॉर्चुनिटी आपके हाथ से निकल जाती।

मैंने पूछा कैसी अपॉर्चुनिटी?

उन्होंने बताया कि हम प्रगतिशील महिला मंच की ओर से इस महीने के अंतिम सप्ताह में सोसाइटी के डिफरेंट क्लासेज से इम्पोर्टेंट लेडीज का ग्राण्ड शो ऑर्गेनाइज कर रहे हैं। आप हिंदी लेंग्वेज की फेमस पोएटेस हैं। हम चाहते हैं कि आप इस प्रोग्राम को अटैंड करें।

मैंने अभ्यासवत पूछा इस शो में कौन-कौन आ रहे हैं? खुर्राट खटाखट बोलीं लिस्ट तो लम्बी है पर अभी पहला फोन आपको ही किया है। आपकी स्वीकृति मिलने पर हम आगे बढ़ेंगे। वैसे फिल्म, खेल, लिटरेचर, पोलीटिक्स, सोशल नेटवर्किंग, मीडिया सभी की प्रमुख लेडीज को बुलाया जाएगा। मैं समझ गई कि खुर्राट खटाखट वास्तव में घुटी-घुटाई खुर्राट हैं। जरा भी खुलने को राजी नहीं। मैंने डायरेक्ट ही पूछ लिया:- मैं दिल्ली से आऊंगी। आने-जाने में समय और धन दोनों लगेंगे। आप पेमेंट क्या करेंगी? पेमेंट का नाम सुनते ही जैसे खुर्राट खटाखट फर्राट फटाफट हो गईं। बिफरते हुए बोलीं ये कवि सम्मेलन नहीं

है। समाज सेवा का काम है। इट्ज वैरी प्रैस्टीजिअस। फिर भी हम आपको आने-जाने का फेयर, रहने-खाने की व्यवस्था के साथ शॉल, और मोमेंटो देंगे। आप आइए तो। आपको अच्छा लगेगा। मैंने और खोदकर पूछा इसके अलावा और कुछ नहीं? वो बोलीं। आप आइए तो हम देख लेंगे। बड़ी-बड़ी हस्तियां आ रही हैं। किसी ने हमसे कुछ नहीं पूछा। और आप हैं कि ....

हमने भी सोचा अलग तरह का कार्यक्रम है। चलना चाहिए। वैसे भी कवि सम्मेलनों का ऑफ सीजन है। ये सोचकर हाँ कर दी।

अखिल भारतीय प्रगतिशील महिला मंच का वार्षिक सम्मेलन मेट्रो सिटी के सेवन स्टार होटल में होना था। सो हम अपनी महंगी-महंगी साड़ियां छाँटकर ले गए। और क्या। हिन्दी की बिन्दी का सवाल था। अपनी राष्ट्र भाषा के सम्मान का खयाल था।

जैसे ही कार्यक्रम स्थल पर पहुंचे तो सच बताएं वहाँ की लकदक सजावट और इधर-उधर घूमती न्यून वस्त्र धारिणी इंग्लिश में गिटराती-पिटराती लिपी-पुती बालाओं को देखकर कुछ मिनटों के लिए तो हम चकराएमान हो गए। हमें लगा जैसे हम गलती से इस हॉल में आ गए हैं। यहाँ प्रगतिशील महिलाओं जैसा नहीं फैशन शो जैसा माहौल है। उहापोह में थे कि रुकें या बाहर हो लें तभी पहचानी सी एक सुन्दरी दिखाई दी। फिर दो-तीन और दिखीं तब तसल्ली हुई कि यह प्रगतिशील महिला सम्मेलन ही है। जैसे-तैसे अपने को हाईली अपर क्लास महौल में एडजस्ट कर पाए। मिस खुर्राट खटाखट अत्यन्त आत्मीय एटिकेट्स के साथ मिलीं। कई महान प्रगतिशील महिलाओं से मेरी हाय हैलो कराई। हाई टी के पश्चात मुख्य कार्यक्रम प्रारम्भ हुआ। संचालिका ने मंचासीन विशिष्ट प्रगतिशील महिलाओं का क्रमवार परिचय कराया।

मंच पर बीचो-बीच बैठीं हैं डोकरी इंडस्ट्रीज की सीईओ नखशिख सजावट की टोकरी मिस छोकरी डोकरी। संस्था की पूर्व प्रेसिडेंट हैं।

हमारा इनके साथ पुराना अटेचमेंट है।

मिस छोकरी डोकरी जी प्रारम्भ से ही अत्यन्त प्रगतिशील रही हैं। इन्होंने लाइफ में हमेशा अपने सपनों को ही महत्त्व दिया। जो भी किया अपने दम पर किया।

हमेशा कैरियर को परिवार से पहले रखा इसीलिए सफलता के साथ-साथ अनेक पुरस्कारों सम्मानों का स्वाद चखा।

सड़े गले रिश्तों को ढोने की बजाय उन्हें झटककर अलग कर देना इन्हें उचित लगा। इसी कारण इनका भाग्य जगा।

जितना भी जीया, अपने लिए जीया।

दो शादियाँ, दो डाइवोर्स, चार खुले अफेयर्स इतनी बड़ी आपकी थाती है। संक्षिप्त में बताएं तो आप हमारी रोल मॉडल की श्रेणी में आती हैं।

इस सम्मेलन का आधा खर्च उठाने के लिए आपका तहे दिल से आभार।

सम्मान का एक गुलाब कीजिए स्वीकार।

छोकरी डोकरी जी के दाहिनी ओर विराजमान हैं प्रसिद्ध समाजसेविका आदर्श झाड़ूवाला। इनका जैसा नाम है वैसा ही काम है। समाज में फैली बुराईयों को अपनी प्रगतिशील सोच की झाड़ू से साफ करने में सचमुच ये हमारी आदर्श हैं।

हमारे कार्यक्रम की मुख्य अतिथि हैं इस बात का हमें अत्यंत हर्ष है।

महिलाओं पर अत्याचार होने की खबर आने से पहले ही मिसेज झाड़ूवाला भविष्य में होने वाली घटना के स्थल पर अपनी टीम के साथ पहुँच जाती हैं।

घटनाएँ तो इनके पीछे-पीछे आती हैं।

अभी तक इण्डिया गेट पर इनके नेतृत्व में हजारों मोमबत्तियां जल बुझ चुकी हैं। लेकिन मिसेज झाड़ूवाला यहीं तक नहीं रुकी हैं।

हम आप जैसी प्रगतिशील महिला को मुख्य अतिथि के रूप में पाकर हो गए हैं धन्य।

आप तो आप हैं आप जैसा नहीं है कोई अन्य।

आज के सम्मेलन में अतिथियों के ठहरने के लिए होटल का पूरा खर्चा इन्हीं के सौजन्य से है। इनके लिए बनती हैं जोरदार तालियाँ।

स्वागत के लिए आएं मिसेज कालिया।

अब एक ऐसी मेहमान से आपको परिचित कराती हूँ जिन पर इस हॉल में बैठी प्रत्येक प्रगतिशील महिला की नजरें टिकी हुई हैं। जी हाँ ठीक पहचाना वही जिनकी मुस्कान तक बिकी हुई है।

टीवी के सभी चैनलों पर छोटे-बड़े सभी न्यूज पेपर्स में आपने इन्हें देखा होगा। वैलकम कीजिए जमकर।

वन एण्ड ओनली मिसेज छलाविका डम्पर। ये पहले लक्ष्य निर्धारित करती हैं। फिर उस लक्ष्य को प्राप्त करने के लिए तन, मन, धन सब लगा देती हैं। साम, दाम, दण्ड, भेद कुछ भी नहीं छोड़ती हैं।

और जिसके सहारे ऊपर चढ़ती हैं उस सीढ़ी को सबसे पहले तोड़ती हैं।

हमारे आज के कार्यक्रम के टीवी कवरेज की जिम्मेदारी डम्पर जी ने ही उठाई है।

डम्पर जी हमारी ओर से आपको हार्दिक बधाई है।

आलीशान ठण्डे सभागार में बैठीं प्रगतिशील सदस्याओं का अन्य की प्रशंसा सुनने का कोटा अब पूरा हो चुका था। हम किसी से कम हैं क्या? और कितना सुनें? का भाव मन में लिए फाउन्डेशन की मोटी पर्त अपनी सम्पूर्ण देह पर चढ़ाए, नकली पलकें, भौंहें और न जाने क्या-क्या नकली चिपकाए हीरों के जेवरों से लदी फदी पुरानी इत्र की शीशियाँ हॉल

में यहाँ-वहाँ घूमकर सेल्फी लेने के बहाने तरह-तरह के पोज बनाते हुए अपनी बिछुड़ती हुई जवानी को पकड़ने का प्रयास करने लगीं।

संचालिका बोली प्लीज़ बैठ जाइए। ये कार्यक्रम अधिक लम्बा नहीं चलने वाला। आपको सैल्फी लेने का पूरा समय मिलेगा। लेकिन वक्त कब किसके लिए रुका था। अब तक तो चाऊमीन का एक-एक चाऊ आई मीन नूडल बिखर चुका था। स्थिति बिगड़ती देखकर माइक खुर्राट खटाखट जी ने सम्हाला। हमारे बीच हिन्दी लैंग्वेज की फेमस पोएटेस आई हुई हैं। अब हम उनकी कविताएं सुनना चाहेंगे। ध्यान रहे डिनर कार्यक्रम के बाद ही खुलेगा।

कविता सुनने पर ही ड्रिंक्स और खाना मिलेगा।

अचानक आमंत्रित किए जाने पर थोड़ा अचकचा तो गए हम लेकिन पहले भी ऐसे अनेक अवसरों को झेल-झेलकर पक्के हो चुके थे हमने भी लगा दिया पूरा दम।

चढ़ जा बिटिया सूली पर वाला भाव लिए पहुँच गए माइक पर।

सबसे पहले देशभक्ति की जोशीली कविता प्रारम्भ की यह सोचकर कि बड़े-बड़े कवि सम्मेलनों में इस कविता ने बिगड़े माहौल को बना दिया है सो यहाँ भी ऐसा ही करिश्मा होगा। लेकिन ये प्रगतिशील महिलाओं का सम्मेलन था पासा उल्टा पड़ गया।

हमारा सारा जोश जमीन में गड़ गया श्रोताओं में बैठी एक प्रोफेसर ने उठकर जोर से अपनी आपत्ति दर्ज कराई। इतनी लुगाईयों के सामने हमारी इज्जत मिट्टी में मिलाई।

कहा कि ये कार्यक्रम प्रगतिशील महिलाओं के लिए है। इसमें केवल महिलाओं से ही सम्बन्धित बातों का दौर चलेगा।

देश भक्ति और वीर रस का पौधा यहाँ नहीं फलेगा।

मैंने महिलाओं से सम्बन्धित एक हास्य रस की कविता उठाई तो प्रोफेसर की असिस्टेंट ने टांग अड़ाई।

महिलाओं की दारुण स्थिति से हम सब रोने को आ रही हैं

और आप हैं कि हास्य रस की कविता सुना रही हैं?

उनकी बात का न चाहते हुए भी रखा मान और हमने पूरे आत्मविश्वास के साथ सुनाना प्रारम्भ किया बेटियों की दयनीय स्थिति पर आधारित अपना अत्यन्त जमाऊ कारुणिक गान।

इस गीत में छुपी हजारों श्रोताओं की आँखों से आँसुओं की झमाझम बरसात कराने की अभूतपूर्व क्षमता की परीक्षा कई बार हम कवि सम्मेलनों में कर चुके थे।

इसे सुनकर महिलाओं के तो क्या पुरुषों के भी गले नाक तक भर चुके थे।

भाव में अभिनय का तड़का लगाकर गाना शुरू कर दिया। एक अन्तरा ही गाया था कि आँखों पर मोटा चश्मा चढ़ाए, कलफदार साड़ी की अकड़ को बरकरार रखे समानान्तर सिनेमा की डायरेक्टर खड़ी हो गई।

उनके खड़े होते ही उनकी चेलियाँ भी बड़ी हो गईं।

कलफदार साड़ी अकड़ते हुए गरजी - बन्द करो ये सब पुरातनपंथी गाना।

बेटियाँ कब तक रोती रहेंगी। अब बेटियां हाईली क्वालिफाइड हैं। आज के दौर में शादी, बिदाई सब फाल्तू के झंझट हैं। बदल गया है जमाना।

लिव इन रिलेशनशिप के समय में इतनी पिछड़ी सोच?

उनकी गर्जना सुनकर हमारे गले में आ गई मोच।

कवयित्री जी आपने अपनी लाइफ में कोई स्ट्रगल नहीं किया है। शादी की, बच्चे पाले, कविता लिखी बस।

सब कुछ पिछड़ा जस का तस।

बन्धनों से मुक्ति का एक भी नहीं किया प्रयास।

बुरा मत मानिए लेकिन प्रगतिशील होने का आपको जरा भी नहीं है अभ्यास।

मिसेज छोकरी डोकरी जी को देखिए दो शादियां, दो डाइवोर्स, चार खुले अफेयर्स। इन्होंने अपनी प्रगतिशील सोच को अगली पीढ़ी तक भी पहुँचाया है।

इसीलिए अपनी बेटी का लव मैरिज कराकर डाइवोर्स करवाया है।

इतनी बड़ी क्वालिफिकेशन है। इसलिए हर क्षेत्र में प्रमोशन ही प्रमोशन है।

और आप?

पिटी-पिटाई लकीर पीट रही हैं।

एक शादी को ही अब तक घसीट रही हैं।

स्टॉप दिस नॉनसेंस।

मामला हो गया गम्भीर। वातावरण हो गया टैंस।

इधर हिन्दी कविता की राजकुमारी, महादेवी वर्मा की परम्परा की कवयित्री अपमानित होकर रुंआसी सी मंच से नीचे उतर रही थी।

उधर

खुर्राट खटाखट

छोकरी डोकरी, झाड़ूवाला और मिसेज डम्पर के साथ सैल्फी लेने में तल्लीन आत्ममुग्धता के नशे से भर रही थीं।

हमने भी सोचा बच्चू कच्ची गोलियां हमने भी नहीं खेली हैं। ये तुम्हारी गली है, तुम्हारी बारी है।

सम्हलकर रहना अपनी गली के कवि सम्मेलन में बुलाकर तुम्हारी तथाकथित प्रगतिशीलता को असली औकात दिखाने की हमारी भी पूरी तैयारी है।

**

25. हम तो कंफ्यूजिया गए हैं

खूब गृहस्थी की। सबके शादी-ब्याह, जापे, निपटाए। ये प्यार की बला हमारे टैम नहीं थी। घर-गृहस्थी से फुर्सत मिलती तो प्यार-व्यार के बारे में भी सोचते।

शादी के पाँच साल बाद आज अचानक ये एहसास हुआ कि जो हमारे पति हैं उनसे तो हमें प्यार ही नहीं है। आज तक हम यही समझ रहे थे कि हम मोस्ट लविंग कप्पल हैं लेकिन आज अचानक फेसबुक पर अपने पुराने दोस्त का फोटो देखकर दिल धक-धक करने लगा। सब तरफ कुछ-कुछ-कुछ-कुछ होने लगा। घबराकर हमने फेसबुक बन्द कर दिया लेकिन दिल है कि मानता नहीं। मोबाइल उठाकर फिर उसी को सर्च किया। फिर बन्द किया फिर सर्च किया फिर बन्द किया फिर सर्च किया तब कन्फर्म हुआ कि

य्येस

यही है राइट चॉइस बेबी। लेकिन अब क्या। हम तो शादीशुदा। एक नन्हे-मुन्ने बच्चे की माँ। परिवार, समाज, संस्कारों के पिंजरे में कैद। ये सब सोचना भी हमारे लिए पाप है पर क्या करें हृदय में प्यार का ज्वार चरम पर जाकर सब कुछ बिखेर देना चाहता है। तोड़ देना चाहता है मर्यादाओं की जंजीरें। खोल देना चाहता है जंग लगी हथकड़ियाँ। तोड़ो कारा तोड़ो। जीओ जी भर के। कर लो दुनिया मुट्ठी में क्योंकि ये जिन्दगी न मिलेगी दुबारा। डरते-डरते हमने फ्रैंड रिक्वेस्ट भेज दी। वो तो टपा हुआ ही बैठा था जैसे। विदीन हाफ मिनट रिक्वैस्ट एक्सैप्ट कर ली। इसी को कहते हैं कि दोनों तरफ है आग बराबर लगी हुई।

थोड़ी शिष्टाचारात्मक बातचीत के बाद उसने डायरेक्ट आई लव यू ही बोल दिया। हम तो कंफ्यूजिया गए। क्या कहते। कन्फ्यूजन ही कन्फ्यूजन है सोल्यूशन कुछ पता नहीं। अब गेंद हमारे पाले में थी। हम भी मूरख हैं। ट्यूबलाइट हैं। दिमाग की बत्ती देर से जलती है। बच्चू हमारी शादी में एक्सट्रा आर्डिनरी रूप से काम कर रहे थे। मेहमानों को रिसीव करने

से लेकर, स्टेज की सजावट तक, हमारे होने वाले पति को एंटरटेन करने से लेकर, लेडीज संगीत में ढ़ोलक बजाने तक, दादी की छड़ी ढूंढ़कर देने से लेकर खानसामा के खाने का नमक चखने तक दिल वाले दुल्हनिया ले जाएंगे के शाहरुख खान की तरह यत्र तत्र सर्वत्र मंडरा रहे थे। कुछ मेहमान जबरदस्त डिटरमिनेशन को देख कर उसे हमारा सगा वाला भाई समझ बैठे थे। हमें तब ही समझ जाना चाहिए था लेकिन अब क्या? अब क्या?

जब आँख खुले तभी सबेरा समझो। जहाँ चाह, वहाँ राह। दिल तो पागल है, दिल दीवाना है। जा सिमरन जा ..... जी ले अपनी जिंदगी। कल तक तो हम यही समझते थे कि हम अपने पति से प्यार करते हैं लेकिन आज पता चला कि वो प्यार नहीं था। प्यार जिसकी हमें तलाश थी वो तो ये है फेसबुक वाला।

मस्तिष्क के झंझावातों से परेशान होकर हमने दादी को फोन लगाया। दादी ही हमारे घर में हैड ऑफ दी फैमिली हैं। सभी की समस्याओं के हल होते हैं दादी की पिटारी में। बकौल श्री सुरेन्द्र दुबे जी "कुछ लोग होते हैं जो प्रत्येक समस्या को सुलझा देते हैं। नहीं सुलझा पाते तो समस्या को इतना उलझा देते हैं, इतना उलझा देते हैं कि लोग उसके बारे में सोचना ही बन्द कर देते हैं।" दादी ने हैलो बोलते ही हमने सीधे सीधे पूछ लिया कि दादी आपने दादाजी से प्यार किया है? दादी हँसीं और बोलीं बिटिया ये प्यार-व्यार हमारे जमाने में नहीं था। 14 साल में शादी हो गई। सोलहवीं में गौना और सत्रहवीं से बच्चे शुरू हुए तो हर साल एक के हिसाब से पूरे चौदह से घर आँगन भरा पूरा हो गया। तेरी बड़ी बूआ को जब पहला बेटा हुआ तब भी मेरी गोद हरी थी। खूब गृहस्थी की। सबके शादी-ब्याह, जापे, निपटाए। ये प्यार की बला हमारे टैम नहीं थी। घर-गृहस्थी से फुर्सत मिलती तो प्यार-व्यार के बारे में भी सोचते। लेकिन बिटिया तुम हमें क्यों पूछ रही हो?

मैंने निराश होकर बोला ऐसे ही बस। और फोन रख दिया। सोचते रहे-सोचते रहे। सोचते-सोचते जब दिमाग का दही जम गया तब कई फिल्मों के सीन आंखों के आगे नाचने लगे। एक फिल्म में ऐश्वर्या राय जब सुहागरात के समय अजय देवगण को बताती है कि उसे अजय देवगन से प्यार नहीं है। उसके सपनों का राजकुमार तो कोई और है। यह जानकर अजय देवगन अपनी पत्नी के प्रेमी को ढूंढने गाँव-गाँव, शहर-शहर, देश-विदेश में घूमता है और आखिरकार उसे ढूंढ लेता है। पत्नी ऐश्वर्या राय को उदारतापूर्वक उसके प्रेमी के पास छोड़कर वापस आने के लिए मुड़ता है तो अचानक ऐश्वर्या राय को महसूस होता है अब वो प्रेमी से प्यार नहीं करती। प्रेमी को ढूंढने की प्रक्रिया में साथ रहते-रहते उसे फाईनली अपने पति अजय देवगन से प्यार हो गया है।

थ्री ईडियट्स की करीना कपूर कैशमेमो के साथ आराम से शादी कर रही होती है तब दोस्त आकर कन्विंस करते हैं कि जिससे तुम शादी कर रही हो उससे प्यार नहीं करती और शादी के मण्डप से भगाकर उसे ले जाते हैं। जब वी मैट की करीना कपूर भी आखिर तक समझ नहीं पाती कि उसे शाहिद कपूर से प्यार है या अपने प्रेमी से।

इतनी बड़ी-बड़ी हस्तियाँ प्यार की नज़ाकत को नहीं समझ सकीं तो हम किस खेत की मूली हैं।

मुझ निगोड़ी की यही तो कमी है। दिमाग के घोड़े दौड़ते हैं तो दौड़ते ही चले जाते हैं।

अलग-अलग दिशाओं में दौड़ते घोड़ों को कंट्रोल करने में पसीने छूट जाते हैं।

खैर

पति को फेसबुक वाले के बारे में बताऊंगी तो

कहीं वो ये तो नहीं पूछेंगे कि ये रिश्ता क्या कहलाता है?

क्या ये पवित्र रिश्ता है?

अब हम क्या करें? आप ही बताइए। आपको तीन ऑप्शन दिए जाते हैं।

आप्शन्स हैं:-

ए:-क्या हमें फेसबुक वाले के आई लव यू का जवाब देना चाहिए?

बी:-क्या हमें अपने पति को अपने नए डेवलपमेंट के बारे में बताना चाहिए?

सी:- या फेसबुक देखना बन्द कर घर में रोटी बेलते रहना चाहिए।

जल्दी बताइए।

आपका समय शुरू होता है अब।

क्या करें?

सच में हम बहुत कंफ्यूजिया गए है।

**

26. ओफ्फोह

मैंने बताया कि सुन्दरकाण्ड के पाठ में आनन्द आया।
वो बोली हुंममम
अगर मूंगवड़े और हलवा खाती तो और आनन्द आता।

मेरी एक सहेली ने सुन्दरकाण्ड का पाठ कराया। जिस दिन राम मन्दिर पर फैसला आया उसके दूसरे दिन ही यह आयोजन होने से सभी के हृदय में अतिरिक्त उत्साह था। पाठ करने वाली मण्डली ने वाकई खूब डूबकर सुर, लय, ताल के साथ सम्पूर्ण भक्ति भाव से गायन किया। हृदय आनन्द विभोर हो गया। वैसे हमारे तुलसी बाबा ने लिखा ही इतना सुन्दर है कि

"मूक होई वाचाल,
पंगु चढ़ई गिरिवर गहन"

सुन्दर काण्ड के पश्चात अत्यन्त भावप्रवण मधुर भजन भी सुनाए। कुल मिलाकर पूरे वातावरण में आनन्द की वर्षा होती रही और मन उस आनन्द वर्षा में भीगता रहा। कार्यक्रम के पश्चात सह भोज भी था। मैं किसी कारणवश सहभोज में सम्मिलित नहीं हो सकी और क्षमा मांगकर आ गयी।

कल सहेली से भेंट हुई। मैंने कहा उस दिन बहुत आनन्द आया।

वो बोली हाँ सबने तारीफ की। मूंग की दाल का हलवा बहुत स्वादिष्ट बना था। गरमा-गरम मूंगवड़े बहुत पसन्द आए सबको। कुछ लोगों को कद्दू की सब्जी में नमक कुछ अधिक लगा। वैसे ज्यादातर सब तारीफ करके गए।

मैंने उसे याद दिलाया कि मैं जल्दी चली गई थी। मैंने प्रसाद ग्रहण नहीं किया था। इतना सुनते ही वो अफसोसियाती हुई बोली ओफ्फोह

हाँ ध्यान आया। तुम जल्दी चली गई थीं। फिर तुम्हें कैसे पता चला कि आनन्द आया?

मैंने बताया कि सुन्दरकाण्ड के पाठ में आनन्द आया।

वो बोली हुंममम

अगर मूंगवड़े और हलवा खाती तो और आनन्द आता।

मैं किंकर्तव्यविमूढ़ सी उसकी लोमहर्षकर (रोमांचकारी) मुखमुद्रा देखती रही। और वो एक-एक व्यंजन के बारे में चटखारे ले लेकर सुनाती रही। पूड़ी, कचौड़ी, दही बड़ा, सौंठ, पुलाव,

ब्ला ब्ला ब्ला ब्ल...।

**

27. ऑफ सीजन का औचक निरीक्षण

ऑफ सीजन में मोबाइल की घंटी बजने पर दिल में मीठी-मीठी कविताएं बल खाने लगती हैं। खचाखच भरे हुए पाण्डाल में तालियों की गड़गड़ाहट कानों में गड़बड़ाहट पैदा कर देती है और वन्स मोर, वन्स मोर की मन भावन ध्वनी गुंजायमान होकर दिमाग को नशायमान बना देती है। कवि सम्मेलन के पश्चात मिलने वाले लिफाफे के सुगन्धित इत्र की खुशबू से तन-मन स्वच्छन्द होने लगता है।

एक दिन खाली बैठे-बैठे जब मक्खियाँ मार-मारकर डफाचूक होने लगी तब उकताकर मन के घोड़े ऑफ सीजन के औचक निरीक्षण पर निकल पड़े।

ऑफ सीजन में सब्जी के लिए आलू छील रही थी तभी मोबाइल की घण्टी बजी। हाथ पोंछकर फोन उठाती तब तक घण्टी बन्द हो गई। अननोन नम्बर देखकर हमने इग्नोर कर दिया। फिर गुनगुनाते हुए आलू छीलने लगी। तभी दिमाग की घण्टी बजी। हमारे दिमाग की घण्टी भी न हमेशा देर से ही बजती है। अननोन नम्बर? किसका होगा? कहीं किसी आयोजक का तो नहीं था? जिसे बात करनी होगी वो दुबारा फोन करेगा। अहंकारी मन ने कहा।

ऑफ सीजन में मोबाइल की घंटी बजने पर दिल में मीठी-मीठी कविताएं बल खाने लगती हैं। खचाखच भरे हुए पाण्डाल में तालियों की गड़गड़ाहट कानों में गड़बड़ाहट पैदा कर देती है और वन्स मोर, वन्स मोर की मन भावन ध्वनी गुंजायमान होकर दिमाग को नशायमान बना देती है। कवि सम्मेलन के पश्चात मिलने वाले लिफाफे के सुगन्धित इत्र की खुशबू से तन-मन स्वच्छन्द होने लगता है। मोबाइल की घंटी बजी वो भी ऑफ सीजन में? पर बन्द हो गई। आएगा ये फोन दुबारा आएगा। भारी मन से हमने इंतजार किया लेकिन जब पन्द्रह-बीस मिनट हो गए और फोन नहीं आया तब हमारा धैर्य जवाब देने लगा। हो

सकता है इस रूट की सभी लाइनें व्यस्त हों। फोन कर रहे हों पर बात नहीं हो पा रही हो। अहंकारी मन के चक्कर में कहीं एक कवि सम्मेलन न मारा जाए वो भी ऑफ सीजन में।

इतना कठिन नहीं है जीवन
जितना कठिन बना डाला है

गीतकार राजेन्द्र राजन की इन पंक्तियों को उनके मधुर कण्ठ से सुना तो कई बार है लेकिन इसका निहितार्थ आज समझ में आया। फटाफट इन पंक्तियों से प्रेरणा लेकर कवयित्रियोचित अहंकार को सब्जी बनाने के लिए गैस पर चढ़ी कढ़ाई में आलुओं के साथ छौंककर आए हुए नम्बर पर कॉल बैक कर दिया। फोन उठा।

चार तार की चाशनी में लिपटी आवाज आयी- "वैरी गुड मॉर्निंग। क्या मेरी बात मिस फलां-फलां से हो रही है। मैंने कहा जी मैं बोल रही हूँ। आवाज़ थोड़ी आश्वस्त होकर बोली मैं ढ़िकाने बैंक से मिस ठिकाने बोल रही हूँ। आप हमारी वैल्ल्यूएबल कस्टमर हैं। इसलिए आपको हमारी बैंक ब्ला ब्ला ब्ला ब्ला ब्ला ब्ला ब्ला ब्ला........."

धत्त तेरे की। सोची आईसक्रीम निकली हिंगोली।

ऑफ सीजन में चौबीस घंटे मोबाइल साथ में रखती हूँ। बाथरूम में भी मोबाइल ले जाती हूँ। कहीं ऐसा न हो कि आयोजक फोन करे और मैं न उठा पाऊँ तो आयोजक तुरन्त किसी और को बुक कर ले। आजकल आयोजक भी तो पहले से नहीं रहे। वो भी नए जमाने के प्रेमियों की तरह चक्रवाती हो गए हैं। तू नहीं तो और सही, और नहीं तो और सही।

पहले के दिन और थे। इन्हें बुलाना है तो इन्हें ही बुलाना है। कोई विकल्प नहीं। लेकिन आजकल फोन करने से पहले ही चार-पाँच ऑप्शन तैयार रखते हैं। इससे बार्गेनिंग पावर बढ़ जाती है। सच बताएँ दुनिया बहुत सयानी (लुच्चे) हो गई है।

मॉडर्न एज है। नया ज़माना है। आधुनिक समय है। मल्टी टेलेंट डिमांड में है। पहले गीतकार गीत लिखते थे, गायक उसे गाते थे, अभिनेता अपनी खास स्टाइल में अभिनय करते थे, डांसर डांस करते थे लेकिन अब ऐसा नहीं चलता। गायक भर होने से क्या होता है। गायक तो एक ढूंढ़ो हजार मिलते हैं। गाने के साथ-साथ आपको डांस करना भी आना चाहिए, आपकी अपीयरेंस भी मारक होनी चाहिए, आयोजक के इशारे पर तुरन्त हँसने-रोने का गुण भी कूट-कूट कर भरा होना चाहिए। गीतकार, संगीतकार, गायक, अभिनेता और अब तो डिस्ट्रिब्यूटर, प्रमोटर, और प्रोड्यूसर भी। सब कुछ ऑल इन वन। गज्जब।

गाना उन्नीस हो तो होने दो एपीयरेंस, ठुमकेगिरी और मेनेजमेंट तगड़ा होना चाहिए। ऐसे ही कविता दो कौड़ी की भी न हो तो चलेगा नौंक-झौंक का छौंक लगाना आना चाहिए। किसी की भी सुनाओ, कैसी भी सुनाओ स.........ब दौड़ेगा। कविता कमजोर

हो तो होने दो। आयोजक, प्रायोजक, यहाँ तक कि श्रोता मेनेजमेंट तगड़ा होना चाहिए।

ज्ञानी कहते हैं कि समय के साथ चलेंगे तो बचेंगे। लेकिन समय इतना तेज दौड़ने लगा है कि दौड़ते-दौड़ते समय के भी फेफड़े बाहर आने को आतुर हैं।

कहीं गरीबी में आटा गीला न हो जाए इसका ध्यान रखना पड़ता है। अब तो नज़र चूकी और माल पराया। जिसने भी कहा है सही कहा है दूध का जला छाछ भी फूंक-फूंक कर पीता है। आयोजक को अन्य किसी कवि का नम्बर देकर देख लो फिर आपका ही नम्बर उस आयोजक की लिस्ट से न कट जाए और इस कहावत की सच्चाई सौ प्रतिशत साबित न हो जाए तो अपना नाम काले से गोरे कर लूं।

कितना बहलाओ,

फुसलाओ लेकिन कवि सम्मेलनों के ऑफ सीजन में डायरी में लिखीं सारी कविताएँ डायरी के पन्ने फाड़कर बाहर निकलने के लिए फड़फड़ाने लगती हैं। उनकी फड़फड़ाहट देखकर भेजा भन्नाने लगता है। एक-एक गीत रिदम के साथ तालियाँ बजवाने को आतुर हो जाता है। टिप्पणियाँ बुक्का फाड़कर ठहाके लगवाने के लिए कुलबुलाने लगती हैं। उस पर जले पर नमक छिड़कता है ये फेसबुक।

फेसबुक पर कवियों के कवि सम्मेलन सम्बन्धी समाचार पढ़कर और स्वागत कराते हुए उनके हँसते-मुस्कुराते फोटो देखकर तो सच बताऊं मन करता है कि फेसबुक में आग लगा दूँ। सारा हिसाब किताब मुँह ज़ुबानी याद है। साल भर में किसे कितने कवि सम्मेलन दिए? कितने वापस मिले? कितने बकाया हैं? चालू वर्ष के लक्ष्य क्या हैं? आज फेसबुक पर स्वागत कराते हुए जो कवि महोदय अपनी नकली बत्तीसी दिखा रहे हैं उन पर पाँच कवि सम्मेलन बकाया हैं फिर भी देखो कैसे पूरी बेशर्माई से मुस्कुरा रहे हैं।

कहाँ खो गए जनाब?

मौसम में तो काँटों पे भी आ जाता है शबाब।

फुल सीजन में बेर भी सेव हो जाते हैं। कचरा से कचरा कवि जिस तरह सीजन के टाइम भाव खाने लगते हैं उसी अनुपात में ऑफ सीजन में बढ़िया से बढ़िया को भी आटे दाल का भाव पता चल जाता है। माइक, माला और तालियों के लिए तड़पते कान मोबाइल पर आयोजक के आमंत्रण की घण्टी सुनने के लिए तरस जाते हैं। दस दिन यदि कवि सम्मेलन नहीं हुआ तो इतना भयंकर डिप्रैशन हो जाता है कि सड़क किनारे जहाँ भी टैंट लगा दिखता है वहीं माइक पर जाकर बोलने की हूक उठने लगती है। भले ही वह टैंट शव यात्रा का हो, उठावनी का हो या तेरहवीं का।

**

28. कोरोना का सरकारीकरण और कवि कलाकार

राजनीतिक रैलियों में न मास्क है, न सेनेटाइजर, न दो गज की दूरी। भीड़ भी है पूरी की पूरी। एक के ऊपर एक लदे जा रहे हैं। सरकार और जनता किसी को नहीं है कोरोना का भय। बस दोनों हाथ उठाकर जोर से बोलते रहिए भारत माता की जय।

सरकार और कोरोना का गहरा नाता है। ये वायरस वहीं-वहीं जाता है जहाँ-जहाँ उसे सरकार द्वारा ले जाया जाता है।

सरकारी तौर पर किए गए कोरोना वायरस के लेटेस्ट वर्जन के गुप्त अध्ययन से सरकार ने ये महत्त्वपूर्ण निष्कर्ष निकाला है कि कोरोना ना तो जाँबाज़ है, न नशेबाज़ है, न पतंगबाज़ है, न दगाबाज़ है और न ही आन्दोलनबाज है। कोरोना यदि किसी भी तरह का बाज़ है तो केवल और केवल कलाबाज़ है, कविताबाज़ है। जहाँ वो कवियों और कलाकारों की परछाई तक को सूंघकर उनसे आत्मीयतापूर्वक हैलौ करने चला आता है वहीं नेताओं, मंत्रियों और उनके चमचों से बहुत घबराता है। इसीलिए नेता, नारे, रैली, सभा और बैठक देखते ही उल्टे पाँवों भाग जाता है। कोरोना के कलाबाजपने को देखते हुए हमारी त्रिकालदर्शी सरकार ने अत्यन्त कूटनीति से भरा कदम उठाया है। कवियों, कलाकारों और कलाप्रेमियों को अप्रत्यक्ष रूप से कूटने के लिए उनके इकट्ठा होने पर कड़ा प्रतिबंध लगाया है। कवि सम्मेलन और मुशायरों में श्रोताओं की अधिकतम संख्या निर्धारित की है पचास। सरकार की नीति है अत्यन्त गूढ़ माइक्रोस्कोपिक और झक्कास। सरकार यदि ऐसा न करती तो पता लगाना कठिन होता कि जिसने सारी रात बैठकर कवि सम्मेलन सुना है वो कोरोना या कविता दोनों में से एक्जेक्टली किससे मरा है?

कोरोना के नियम कायदे बहुत कड़े हैं।

टीवी के सभी चैनल मास्क और सेनेटाइजर के पीछे हाथ धोकर पड़े हैं।

कोरोनाकाल में दूरभाष पर बातचीत का अलग ही है लुत्फ।

किसी को फोन करो तो उसकी हैलो सुनने से पहले कोरोना से बचाव के ढेरों उपाय सुनने को मिलते हैं मुफ्त।

दिल्ली में मास्क न लगाने पर दो हजार रुपए का जुर्माना है।

इसलिए नेताओं ने बारी-बारी से बिहार और बंगाल की चुनावी सभाओं में जा-जाकर खुलेआम मन भर के अनुलोम-विलोम करने का ठाना है।

राजनीतिक रैलियों में न मास्क है, न सेनेटाइजर, न दो गज की दूरी। भीड़ भी है पूरी की पूरी। एक के ऊपर एक लदे जा रहे हैं।

सरकार और जनता किसी को नहीं है कोरोना का भय।

बस दोनों हाथ उठाकर जोर से बोलते रहिए

भारत माता की जय।

राजधानी के बाहर का हाल तो है बेहद खासमखास। हजारों आन्दोलनकारी सिंधू बॉर्डर और गाजीपुर बाई पास पर बैठे हैं बिलकुल पास-पास। वहाँ भी न मास्क है न सैनेटाईजर। पूरी रफ़्तार से घूम रहे हैं ट्रैक्टरों के केनेडियन टायर।

उन्हें न कोविड का खतरा है न महामारी का खौफ। कोरोना को भी कत्तेई नहीं है वहाँ जाने का शौक। आन्दोलन दिनो-दिन हो रहा है हिट। बन रही है सफलता की नित नई टूल किट! खूब माल-मलीदा बँट रहा है। दिन-रात लंगर छँट रहा है।

ध्यान रहे

ये आन्दोलन कोरोना को क्या सरकार तक को नहीं मान रहा...

इसलिए कोरोना वायरस भी आन्दोलनकारियों को नहीं जान रहा। दोनों में गुपचुप समझौता है। देखते हैं आगे आगे क्या होता है।

धर्म की विजय हो, अधर्म का नाश हो, प्राणियों में सद्भावना हो कहकर हर-हर गंगे करते हुए लाखों श्रद्धालुओं ने गंगा में डुबकी लगाई। ऐसा करते हुए उन्हें कोरोना की याद तक नहीं आई। ये मामला नितांत धार्मिक है। अत्यन्त संवेदनशील है, मार्मिक है। भगवान और भक्त का अद्भुत है नाता। इसलिए इसमें सरकार द्वारा कोरोना का हस्तक्षेप बर्दाश्त नहीं किया जाता। सरकार और प्रशासनिक अमला तन-मन-धन से पुण्य कमाने में लगा है। कोरोना वायरस यहाँ से भी नंगे पाँव भगा है।

अब चलते हैं कवि सम्मेलन और मुशायरे में।

हाँ, ये ही तो आते हैं पूरी तरह कोरोना के दायरे में। कोरोना वायरस को पसन्द हैं गीत,

गजल, छन्द। सरकार ये जानती है इसीलिए तो लगाया है इन पर प्रतिबन्ध। अब न गीत गाए जाते हैं न गजलें चहकती हैं। न आह-वाह होती है न तालियाँ महकती हैं। आयोजक हैरान हैं, कवि परेशान हैं। निराला भवन और ग़ालिब सभागार वीरान पड़े हैं। वहाँ के कर्मचारियों के सामने आजीविका के संकट मुँह बाए खड़े हैं। उस पर सरकारी आँकड़े कवि सम्मेलन और मुशायरे नहीं होने देने पर अड़े हैं। कैसा दौर है। मुँह से कोसों दूर कौर है।

कवियों, कलाकारों और कला प्रेमियों को कोरोना से बचाने के लिए सरकार की व्यवस्था एकदम चाक-चौबंद है। नीति काबिले गौर है। कवि कोरोना से नहीं मरना चाहिए। भूख से मर जाए तो उसकी बात और है।

**

29. मुँह बन्द रखने का मेहनताना

थाना हो या कचहरी, टीवी हो या अखबार, तोल-मोल कर बोलते हैं गवाह, छन छन कर आते हैं समाचार। प्रत्येक बेईमानी का रेट ईमानदारी पूर्वक निर्धारित है।

क्या? कब? कैसे? कितना? बोलने का। मुँह बन्द रखने का, मुँह खोलने का।

मुँह खोलना और बोलना मनुष्य का जन्मजात गुण है। वह खाए बिना रह सकता है, पिए बिना रह सकता है लेकिन बोले बिना कत्तेई नहीं रह सकता।

समूची सृष्टि ज्ञानियों से भरी है। अपने आंख, नाक, कान खुले रखेंगे तो पाएँगे कि प्रत्येक दूसरा आदमी बिना माँगे जबरन ज्ञान देने के कार्य में निष्ठापूर्वक संलग्न है। आज सुबह-सुबह मुझे ऐसा परम ज्ञान प्राप्त हुआ जैसा किसी संत, महात्मा या पीर, पैगम्बर को किसी भी कल्प में प्राप्त नहीं हुआ होगा।

हुआ यूं कि मेरी कामवाली बाई ने सुबह-सुबह मेरे आगे झाड़ू पटकते हुए कहा - अब मुझसे नहीं होगा। किसी और से करा लेना काम। उसके तेवर देखकर मैं रह गई हैरान। एकबारगी तो लगा जैसे कि ये टिकरी बॉर्डर पर महिनों से टिके हुए टिकैत से मिलकर डायरेक्ट यहाँ आ रही है। बिना बात ऐंठ गई, झाड़ू फेंककर साड़ी का पल्लू कमर में खोंसकर दरवाजे के बीचों-बीच ठसके से बैठ गई। हाथों के कॉम्बिनेशन में आँखें नचाती हुई, कत्थकली नृत्य मुद्रा के फास्ट फॉरवर्ड वर्जन की तरह गरदन मटकाती हुई, बोलती चली गई। कल हम मेडन की मीटिंग में तय हुआ है कि अब कोई भी पुरानी पगार का रोना नहीं रोएगा। साहबों की तरह आज से हमारा भी नया वेतनमान लागू होएगा। हर छोटे-बड़े काम के पैसे किए जाएंगे तय। पड़ता खाता हो तो ठीक वरना राम जी जय।

उसकी आन्दोलनकारी आक्रामक बॉडी लेंग्वेज बता रही थी कि वो हमारी मांगें पूरी करो और इंकलाब ज़िंदाबाद की भन्नाट वैक्सीन लगवाकर आ रही थी।

मेरी अनुभवी दृष्टि उसकी हड़ताली प्रवृत्ति को एक मिनिट में ताड़ गई। समय-समय की बात है एक मामूली सी मेड ठसकदार मैडम को मिनिटों में झाड़ गई।

सुबह का अस्त-व्यस्त समय, पूरे घर में फैला पड़ा था काम। झाड़ू-पोछा, डस्टिंग, बर्तन, कपड़े, खाना और तमाम। बच्चों का टिफिन पैक होना था, शाम के खाने के लिए राजमा भिगोना था, पति के कपड़े करने थे प्रेस, मुझे भी फटाफट होना था फ्रैश। बिट्टू के मोजे नहीं मिल रहे थे, छुटकी की यूनीफॉर्म की शर्ट के बटन हिल रहे थे। सासू जी को गरम पानी की दरकार थी, ससुर जी की जल्दी चश्मा ढूंढ़कर देने की गुहार थी। बेतरतीब बिखरे हुए बालों को क्लचर में समेटती मैं कठपुतली की तरह नाच रही थी और वो मेड महारानी दरवाजे के बीचों-बीच किसी लेनदार की तरह बैठी हुई मेडों के नए वेतनमान की पोथी सप्त स्वरों में बाँच रही थी। बच्चों को स्कूल और पति को ऑफिस के लिए बिदा करके मैंने गैस पर पतीली चढ़ाई। अदरक और डबल चीनी डालकर निखालिस दूध की मक्खनदार चाय बनाई। दो प्यालों में छानकर एक प्याली स्वयं ली, एक उस आन्दोलनजीवी मेड को ससम्मान थमाई। उसने भी बड़ी ढीठाई से रेडीमेड चाय का कप पकड़ा और बोली मुझे पसन्द ही नहीं है कोई लफड़ा। पहले जैसा अब नहीं चलेगा। आज से हर काम का अपडेट रेट लगेगा। मैंने कहा बता दे साफ़-साफ़ खोल के। एक-एक काम के पैसे गिनवा दे जरा बोल के। वो तो बताने के लिए बैठी ही थी भरी-भराई। उसने काम और पगार के सन्तुलन की विस्तृत सूची गिनवाई।

सुनो मैडम। सब सिलसिलेवार है, मेड यूनियन की मीटिंग में सर्व सम्मति से जो प्रस्ताव पारित हुआ है वो इस प्रकार है -

झाड़ू-पोंछा, डस्टिंग, बर्तन, कपड़े धोने के हर महिने का रेट दस हजार है। नहीं लेना कोई चांस। इस महिने की पूरी पगार एडवांस।

चाय के जूठे कप उठाकर वॉश बेसिन में रखने के प्रति कप दस रुपए, धोने के पन्द्रह रुपए, धोकर वापस कप ट्रे में रखने के दस रुपए। इस हिसाब से हुए पूरे पैंतीस। पैकेज लेने पर लगेंगे तीस। पाँच रुपए का डिस्काउंट है। कटोरियों, प्लेटों, गिलासों और चम्मचों के लिए भी यही एमाउंट है। बात बिलकुल खरी है, दो टैम की चाय और एक टैम का नाश्ता कम्पल्सरी है। इसके अलावा मैडमों का जिन बातों में होता है सबसे अधिक रुझान, उसके भी पैसे लगेंगे ये रख लेना ध्यान। मैंने कहा पहेलियाँ मत बुझा, जरा ठीक से बता। वो अपनी उल्लू सी आँखों को गोल-गोलकर, आवाज में फुसफुसाहट घोलकर, तनिक पास खिसककर बोली बताती हूँ साफ-साफ खोलकर।

किसका किसके साथ चक्कर चल रहा है, किस दीदी का बिना ब्याह जी मचल रहा है। कौन मैडम अपने पति के जेब से पैसे चुराती है, किसके घर रोज़ सब्जी होटल से आती

है। किसके यहाँ सास बहू में चिक-चिक होती है, कौन सी मैडम किस शैम्पू से बाल धोती है

अभी तक मुहल्ले भर की खबरें सुनाती थी बिना दाम के, लेकिन अब से पैसे लगेंगे इस काम के।

वेतनमान को लेकर उसका इतना प्रोफेशनल एटीट्यूड देखकर मेरा भेजा हो रहा था सुन्न, वो बोलती जा रही थी बातों के नशे में होकर टुन्न। इसके इतने, इसके इतने, इसके इतने, कुल इतने। मैंने दिमाग दौड़ाया और पूछा क्यों री तू मुहल्ले भर की बातें यहाँ बताएगी तो यहाँ की बातें भी मुहल्ले भर में फैलाएगी। वो अपने पानपरागी दाँतों को रहस्यमी ढ़ंग से फाड़कर, चाय का कप रखती हुई बोली हाथों को झाड़कर। यही तो है असल में बताना,

मुँह खोलने से चार गुना अधिक लगेगा मुँह बन्द रखने का मेहनताना।

मैंने आश्चर्य से पूछा मुँह बन्द रखने का मेहनताना? वो बोली और नहीं तो क्या! तुम भी औरत हो। अपनी तई बताओ। औरतन के पेट में कोई बात पचती है? तुम्हें तो मालूम है

मुँह बन्द रखने में मुँह खोलने से अधिक मेहनत लगती है। बातों का अपच हो जाता है, रातों की नींद दिन का चैन खो जाता है। दो दिन में तो आफरे की नौबत आ जाती है, सच बताऊं, ऐसे में डबल चीनी की चाय भी नहीं भाती है। पेट में भयंकर गैस बनती रहती है, सिर दर्द होता है नाक बहती रहती है। पूरा भूगोल हो जाता है डावाँडोल। इतना काफी है या और गिनवाऊं तौल-मोल के बोल?

मुझे महसूस हुआ कि नहीं किसी से कम है, इस बिना पढ़ी-लिखी निरक्षर की बात में बहुत दम है। बिलकुल सही है, नहीं है कुछ भी गलत, मुँह बन्द रखने में मुँह खोलने से अधिक लगती है मेहनत।

तभी तो थाना हो या कचहरी, टीवी हो या अखबार, तौल-मोलकर बोलते हैं गवाह, छन-छन कर आते हैं समाचार। प्रत्येक बेईमानी का रेट ईमानदारी पूर्वक निर्धारित है।

क्या? कब? कैसे? कितना? बोलने का।

मुँह बन्द रखने का, मुँह खोलने का। सब पैसे का खेला है। उजली दिखने वाली नाईनटी नाइन प्वॉइंट नाइन सरकारी और गैरसरकारी इमारतों का पिछवाड़ा मैला है। जनता आज भी बड़ी भोली है। उसके लिए नेताओं की जेब में सुनहरे कल और अच्छे दिन की मीठी गोली है।

राजा से लेकर मंत्री तक, अफ़सर से लेकर संतरी तक हर एक का कच्चा चिट्ठा है मेरे पास। चाहती भी हूँ बताना। लेकिन नहीं बताऊंगी।

क्योंकि मुझे मिल गया है

मुँह बन्द रखने का मेहनताना।

**

30. मीडिया का वायरस

निज़ाम को ऐसी ही आवाम पसन्द है जो देखे भी, सुने भी लेकिन महसूस न करे, सोचे न। महसूस करके सोचने वाले निज़ाम को कतई पसन्द नहीं।

युं तो वायरस कई तरह के हैं लेकिन आजकल बाजार में दो वायरस प्रमुखता से छाए हुए हैं- एक कोरोना वायरस और दूसरा मीडिया का वायरस। कोरोना वायरस नया है जबकि मीडिया का वायरस अति प्राचीन है। सुना है कोरोना वायरस फेफड़ों पर असर करता है जबकि विश्वसनीय सूत्रों से ज्ञात हुआ है कि मीडिया का वायरस डायरेक्ट दिमाग पर असर करता है। कोरोना वायरस पर दुनिया भर के वैज्ञानिक अनुसंधान करके निष्कर्ष प्रस्तुत करें उससे पहले मीडिया के वायरस से ग्रसित मैं अपने अनुभव सांझा कर रही हूँ।

बचपन में मैं अखबार नहीं पढ़ती थी। टीवी तो तब था ही नहीं। फूलों के रंग देखकर खुश होती थी, बादलों की बनती-बिगड़ती आकृतियों में दादी से सुनी कहानियों के पात्रों की कल्पना करती थी। कभी बाल गणेश, कभी ध्रुव प्रह्लाद, कभी, जनाबाई तो कभी शिवाजी महाराज। कज्जलगिरी रावण और धनुष बाण लिए राम लक्ष्मण तो अक्सर दिखाई दे जाते थे बादलों की ओट से झाँकते हुए बारिश में नहाना, धूप में खेलना, सर्दियों में अलाव के पास उकड़ू बैठकर भुने हुए आलू खाना। कितना सुन्दर और आत्मीय संसार था तब। ये तब था जब मैं अखबार नहीं पढ़ती थी।

थोड़ी बड़ी हुई तो अखबार में छपे चित्र देखने लगी। नेताओं, अभिनेताओं के चित्र। जिनके चित्र अखबार में छपे देखती थी वो बहुत बड़े आदमी लगते थे मुझे। जैसे महात्मा गांधी, नेहरू जी, इंदिरा गांधी, मोरारजी देसाई, अटल बिहारी वाजपेई आदि। कभी-कभी जयन्ती और पुण्यतिथि के अवसर पर कवियों और साहित्यकारों के चित्र भी चौथे-पाँचवे पृष्ठ पर दिख जाते थे। फूलों के रंग तब भी चटकीले लगते थे। धूप में खेलती थी, बारिश में नहाती थी, बादलों में चित्र बनाती थी। अब बाल गणेश, भक्त प्रहलाद के स्थान पर

महात्मा गांधी, मोरारजी देसाई, इंदिरा गांधी, अटल बिहारी वाजपेई के साथ-साथ गोस्वामी तुलसीदास, सूरदास, मीरा बाई, महादेवी वर्मा भी बादलों में दिखाई देने लगे थे। संसार उस समय भी बहुत सुन्दर और आत्मीय था।

कुछ और बड़ी हुई तो चित्र देखने के साथ-साथ अखबार की प्रमुख पंक्तियां पढ़ने लगी। चम्बल के नामी डकैत ने किया आत्मसमर्पण, दस्यू सुन्दरी फूलन देवी संसद में, सात भाई की गोठ में लड़की के साथ बदतमीजी, पुलिस लाइन्स में चोरी आदि आदि आदि। कभी-कभी स्वामी विवेकानन्द, बाबा आमटे, गजानन महाराज, राधा-कृष्ण आदि के चित्र भी देखने को मिलते। इनके जीवन चरित्र के विषय में भी थोड़ा सा पढ़ने को मिलता। फूलों के रंग मुरझाने लगे, बारिश में नहाने से डर लगने लगा, धूप की तपिश झुलसाने लगी। अकेले में दहशत महसूस होने लगी। लेकिन नरेन्द्र से स्वमी विवेकानन्द बनने की गाथा सम्बल प्रदान करती। राधा-कृष्ण की सुन्दर झाँकी में मन रमता, गजानन महाराज के जीवन से हौसला बढ़ता, बाबा आमटे प्रेरणा देते। बादलों में अब यदा-कदा ही चित्र उभरते। अखबार के समाचारों ने मेरे बहुत सुन्दर संसार को कम सुन्दर कर दिया था। आत्मीयता धीरे-धीरे हाथ छुड़ाने लगी थी।

फिर आया दूरदर्शन। शाम को कृषि दर्शन कार्यक्रम में रबी और खरीफ की फसलों की कटाई बुवाई से लेकर चित्रहार, चित्रमाला, समाचार, संगीत और नृत्य के अखिल भारतीय कार्यक्रमों और धारावाहिकों तक सारे कार्यक्रम नियमित रूप से पाठ्यक्रम की तरह देखना अनिवार्य बना लिया। रामायण महाभारत से संस्कार मिलने लगे तो कवि सम्मेलनों, मुशायरों से तुकबन्दियाँ करनी सीखीं। समाचार सुनकर सामान्य ज्ञान बढ़ाया तो अंग्रेजी धारावाहिकों से अंग्रेजी सुधारी। दुनिया फिर से सुन्दर, चटकीली और रंगीन हो गई। लेकिन पढ़ाई में नम्बर कम आने लगे। माँ, बाबा की डांट पड़ने लगी।

कालान्तर में निजी चैनलों की अंधाधुंध आँधी चलनी प्रारम्भ हुई। एक से बढ़कर एक चमकदार चैनल।

मनोरंजन के नाम पर सास-बहू के झगड़ों को घर-घर की कहानी बताने वाले। पारिवारिक एकता को कपूर की तरह उड़ाने वाले। समाचार चैनलों की तो बात ही मत पूछिए। शहर में बाढ़ आई या नहीं आई लेकिन पानी से भरे छोटे से गड्ढे में खड़े होकर अपने को बदहवास दिखाते हुए बाढ़ का ऐलान कर सनसनी फैलाने वाले टी आर पी के पीछे भागते हाँफते हुए समाचार चैनलों की बाढ़ अवश्य आ गई। चौबीस घंटे समाचार दिखाने की विवशता ने समाचार चैनलों को समाचार इकट्ठे करने से लेकर समाचार बनाने तक को विवश कर दिया। दुर्घटना में मरे हुए यात्रियों के परिवार जनों के दारुण विलाप को

सुबह से रात तक विभिन्न कोणों से दिखा-दिखाकर प्रसन्न होने वाले समाचार चैनलों ने मेरे मस्तिष्क को धीरे-धीरे संवेदनशून्य बना दिया। सीमा पर शहीद होने वाले वीर जवानों की जलती हुई चिताओं को टेलीविजन स्क्रीन पर देखते हुए अब मैं पनीर की सब्जी में मक्खन चुपड़ा पराठा डुबोकर मुँह में भर लेती हूँ और चिल्ला कर कह भी देती हूँ कि नमक कम है। चैनल सामूहिक बलात्कार को अचार की तरह चटकारे ले-लेकर दिखाते हुए दो-तीन दिनों तक खींच-खींचकर समाचारों के साथ कई बार बलात्कार करते हैं। कोरोना वायरस फेफड़ों को खा रहा है और मीडिया का वायरस मस्तिष्क को।

राजा महाराजाओं की सभाओं में विद्वानों के मध्य तर्क-वितर्क, वाद-विवाद और शास्त्रार्थ का आयोजन करने की परम्परा अति प्राचीन है। उसी परम्परा का पालन करते हुए आधुनिक समय में टीवी पर नियमित रूप से बहसें आयोजित होती हैं। ये अलग बात है कि सौ की सौ प्रायोजित होती हैं। राजनीतिक बहसों में ज़ोर-ज़ोर से चीखने-चिल्लाने वाले को वरीयता दी जाती है। प्रत्येक राजनीतिक पार्टी के अपने-अपने गुर्गे हैं या ये कहना अधिक समीचीन होगा कि प्रत्येक राजनीतिक पार्टी के अपने-अपने मुर्गे हैं जो प्रतिदिन सुबह से शाम तक चैनल दर चैनल लड़ते-भिड़ते रहते हैं और रात को एक ही दड़बे में बन्द होकर एक ही कटोरे में से दाना चुगते हैं।

ऐसी ही बहस बाजी के कार्यक्रम में मुझे भी जाने का सौभाग्य नहीं दुर्भाग्य प्राप्त हुआ। जिन्हें मैंने टीवी पर एक-दूसरे के खून के प्यासे की तरह देखा था वे गलबहियां डाले हुए श्वेत डण्डिका का श्याम धूम्र उड़ाते हुए माँ बहन मिश्रित प्रेम पूर्वक ठेठ देसी वार्तालाप कर रहे थे। सैट तैयार था। सब अपने-अपने मोर्चे पर डट गए। कैमरा ऑन होने से पहले सब लड़ाकाओं का बाकायदा मेकअप किया गया। मेक अप होने तक योद्धा खिलाड़ी सद्भावना दिखाते हुए मुस्कुरा रहे थे। लेकिन जैसे ही लाइट्स, कैमरा, ऑन कहा गया ये राजनीतिक वाक् वीर एक-दूसरे पर ऐसे झपटे जैसे महाभारत के युद्ध में कौरवों पर पाण्डव। सब चिल्ला रहे थे। सुन कोई नहीं रहा था। चैनल का कैमरा विभिन्न कोणों से शॉट ले रहा था। तभी अचानक महिला योद्धा ने अपना ब्रह्मास्त्र चलाया। वो चिल्लाते हुए ज़ोर-ज़ोर से आँसूं बहाने लगी। एक सेकंड के लिए स्टूडियो में सन्नाटा छा गया। प्रोड्यूसर ने कैमरामैन को ज़ूम शॉट लेने का निर्देश दिया। आँसुओं ने चैनल के चेहरे पर मुस्कराहट बिखेर दी। शो हिट, मामला फिट।

इसी के साथ आया सोशल मीडिया। सोशल मीडिया ने किसी को भी सोशल नहीं रहने दिया। मैं अब भोर की पहली किरण से रात के तीसरे पहर तक बिस्तर पर लेटी-लेटी या सोफे पर बैठी-बैठी फेसबुक, वॉटसप, ट्विटर, इंस्टाग्राम और यू ट्यूब पर चक्कर

काटती रहती हूँ। संसार को अलबिदा कहने वाले परिचितों को विनम्र श्रद्धांजलि देने के पश्चात कम से कम सौ लोगों को सुप्रभात, सुबह की राम-राम, जन्मदिन और वैवाहिक वर्षगांठ की बधाई देना मेरे नित्य कर्म में सम्मिलित है। कोरोना काल में संसार को अलबिदा कहने वालों की फोटुएँ बहुतायत में आ रही हैं। आजकल तो हालत ये है कि फोटो देखते ही लगता है कि इसका विकेट गया। कॉपी पेस्ट करवाने में एक्सपर्ट फेसबुक भी फोटो देखकर विनम्र श्रद्धांजलि के स्टिकर को हाईलाइट करने लगता है। भले ही वो फोटो जन्मदिन की ही क्यों न हो। अब सोशल मीडिया ही मेरा संसार है। मैं सही गलत कुछ भी नहीं सोचती। आए हुए वीडियो और मिली हुई पोस्टों को बिना पढ़े फॉरवर्ड करना अपना परम कर्तव्य समझती हूँ।

दंगे, आगज़नी, खून खराबा सबको साक्षी भाव से देखने लगी हूँ। अब बाढ़, सूखा, अकाल मेरा कुछ नहीं बिगाड़ता।

पहले होती थी लेकिन अब इन सबको देखकर दहशत नहीं होती। कोल्डड्रिंक पीते हुए मैं ऐसी गर्मागरम खबरें वेफर्स की तरह कुड़ुम-कुड़ुम करते हुए चबा जाती हूँ।

अब मैं केवल देखती हूँ, केवल सुनती हूँ। महसूस नहीं करती। न ही कुछ सोचती हूँ। निज़ाम को ऐसी ही आवाम पसन्द है जो देखे भी, सुने भी लेकिन महसूस न करे, सोचे न। महसूस करके सोचने वाले निज़ाम को कतई पसन्द नहीं।

मीडिया के वायरस ने मेरे मस्तिष्क को धीरे-धीरे सुन्न कर दिया है। मुझे याद नहीं मैंने फूल कब देखे, बारिश की बूंदों का आभास कब किया, गुनगुनी धूप की गुनगुनाहट कब महसूस की, बादलों को कब निहारा। अब मुझे कुछ भी याद नहीं।

**

31. हिन्दी की "हिन्दी"

ये कम्प्यूटर क्रान्ति का दौर है। आई टी पर सरकार का पूरा जोर है। मजबूरी है। हाथ को काम हो न हो, हर हाथ में मोबाइल होना जरूरी है। कम्प्यूटर और मोबाइल अंग्रेजी के सहारे हैं। अंग्रेजी न जानने के कारण हम जैसे पी-एच.डी. धारक हिन्दी वाले भी पिछड़े और हारे हैं। सब कुछ ऑनलाइन है। यही तो इंडिया शाइन है।

हिन्दी की जितनी "हिन्दी" हिन्दुस्तान में होती है उतनी पूरे ब्रह्माण्ड में कहीं नहीं होती। हिन्दी दिवस समारोह का निमंत्रण पत्र अंग्रेजी में आया तो हम जैसे कट्टर हिन्दी प्रेमी का दिमाग भन्नाया। अंग्रेजी को पानी पी-पीकर कोसने की आधारशिला पर खड़े सरकारी हिन्दी दिवस के भवन से चिट्ठी आयी, वो भी अंग्रेजी में! शेम शेम शेम। पिछले सितम्बर में हिन्दी माह, हिन्दी पखवाड़े और हिन्दी दिवसों के चाय पकौड़े डकारने के पश्चात हमारे भीतर साल भर से सोया पड़ा हिन्दी प्रेम अचानक भड़भड़ाया। क्रोध में फड़फड़ाया। हिन्दुस्तान में हिन्दी की "हिन्दी" करने की हिम्मत किसी और की कैसे हुई? वो भी हमारे होते हुए? सत्यानाश मचा रखा है। सब चल रहे हैं तेजी में। हम जैसे अन्तरराष्ट्रीय स्तर के हिन्दी सेवी को हिन्दी दिवस समारोह का निमंत्रण अंग्रेजी में? हमारा हिन्दी प्रेम उफ़ान पर था। गुस्सा सातवें आसमान पर था। जवाबी कार्यवाही करने के लिए अंग्रेजी में छपा राइटिंग पैड और चमचमाती हुई मेड इन यूएसए कलम निकाली। फिर एक दृष्टि अंग्रेजी में प्राप्त निमंत्रण पत्र पर डाली। जैसे ही समारोह में सम्मिलित होने के एवज में प्रस्तावित पाँच अंकों के मानदेय पर नज़र गई, वैसे ही हमारी बाँछें खिल गई। क्रोध के फफोले आकर्षक मानदेय के मल्लहम की ठण्डक से शान्त हो गए थे और हम समारोह में अपनी गरिमापूर्ण उपस्थिति की अंग्रेजी कल्पनाओं में खो गए थे।

शिक्षण संस्थानों का हाल तो और भी निराला है

यहाँ यत्र तत्र सर्वत्र अंग्रेजी का ही बोलबाला है। देश की नई पौध को अंग्रेजी फर्टिलाइजर और मिनरल वाटर से सींचने का पक्का प्रबन्ध है। हिन्दी के खाद, पानी पर यहाँ पूरी तरह प्रतिबंध है।

हिन्दुस्तान में अंग्रेजी न जानने वालों के लिए बीमार पड़ना गुनाह है। बीमार पड़े तो इलाज नहीं करवा पाएंगे क्योंकि बीमार पड़ने पर बीमारी से लेकर दवाईयों तक के नाम अंग्रेजी में धड़धड़ाते हुए चले आएँगे। उस पर जान लेके मानेगी डॉक्टरों की घसीटाछाप अंग्रेजी लिखाई। आप क्या चीज़ हैं जनाब वो तो आज तक अच्छे-अच्छे स्कॉलरों तक के समझ में नहीं आई।

कोर्ट कचहरी के चक्कर में फँसे तो तबीयत से हिन्दी हो जाएगी। पुलिस द्वारा आप पर लगाई गईं धाराएँ और कोर्ट में वकीलों द्वारा अंग्रेजी में की गई बहस आपको तो क्या शेक्सपियर तक को समझ में नहीं आएगी।

भारत में हवाई यात्रा करनी हो तो अंग्रेजी आना कम्पल्सरी है क्योंकि एयर होस्टेस की टनाटन मुस्कान की हिन्दी भाषा से वैतनिक दूरी है। भले ही टूटी-फूटी बोलो लेकिन अंग्रेजी बोलो। अंग्रेजी बोलोगे तो मीठी गोलियाँ और जूस आसानी से पाओगे, हिन्दी बोलोगे तो सादे पानी तक के लिए तरस जाओगे।

कमाल है। बैंक और जनता से सीधे जुड़े हुए कार्यालयों का भी यही हाल है। रामलुभावन हो या होरी, धनिया हो या कावेरी आज भी बैंक में खाता खोलने से डरते हैं क्योंकि वे नहीं जानते कि जमा खाते का फार्म अंग्रेजी में कैसे भरते हैं।

ये कम्प्यूटर क्रान्ति का दौर है। आई.टी. पर सरकार का पूरा जोर है। मजबूरी है। हाथ को काम हो न हो, हर हाथ में मोबाइल होना जरूरी है। कम्प्यूटर और मोबाइल अंग्रेजी के सहारे हैं। अंग्रेजी न जानने के कारण हम जैसे पी-एच.डी. धारक हिन्दी वाले भी पिछड़े और हारे हैं। सब कुछ ऑनलाइन है। यही तो इंडिया शाइन है।

अंग्रेजी के बिना पूरी दुनिया घूमना आसान है लेकिन सनद रहे बाबू मोशाय, ये इंग्लैंड या अमेरिका नहीं हिन्दुस्तान है। माना हिन्दी के शब्द-शब्द को भारतीयता ने सँवारा है लेकिन पूरब से पश्चिम तक, उत्तर से दक्षिण तक भारत दर्शन के लिए एक मात्र अंग्रेजी का ही सहारा है।

बहरहाल, हिन्दी दिवस समारोह के अंग्रेजी में मिले निमंत्रण के विरोध पर पाँच अंकों का मानदेय भारी है। हिन्दी की सेवा के लिए अच्छे दिनों की आस लिए समारोह में सम्मिलित होने की अपनी पूरी तैयारी है।

**

32. शौचालय का शिकंजा

गज़ब है साहब
जहाँ खाने को नहीं हैं दाने
वहाँ भी निकले हैं शौचालय बनवाने

अत्यंत सोचनीय विषय है। दुनिया चाँद तक पहुँच गई, मंगल तक पहुँच गई और हम शौचालय तक भी नहीं पहुँच पाए!

स्वतंत्रता दिवस के शुभ अवसर पर दिल्ली के लालकिले ने राष्ट्र को संबोधित किया। इसमें कोई नई बात नहीं है। प्रत्येक पन्द्रह अगस्त पर लालकिला राष्ट्र को निरन्तर सम्बोधित करता है। नई बात तो यह है कि अभी तक लालकिला बेकारी, महंगाई, गरीबी, भुखमरी की बातें करते हुए जनता को पंचवर्षीय योजनाओं की चाट चटाता था। आश्वासनों के रसगुल्ले खिलाता था, इक्कीसवीं सदी के सपनों की मीठी शिकंजी पिलाता था लेकिन लालकिले ने पहली बार सम्पूर्ण राष्ट्र को अधिकार पूर्वक बताया कि खाए पीए को निकालना कहाँ है।

परतंत्रता के ज़माने में हम कहीं भी बैठने के लिए स्वतंत्र थे। आजादी के सत्तर सालों तक हमारे बैठने की वजह से ही खेतों में फसलें खड़ी रहीं। पीढ़ी दर पीढ़ी पौधों को खाद पानी देने का हमारा सम्पूर्ण स्वदेशी उद्योग आज घोर संकट में है।

राजनीति, व्यवस्था, सरकार या किस्मत, किसे दें दोष?
सपनों की शिकंजी पीने के अभ्यस्त राष्ट्र पर पहली बार
शौचालय का शिकंजा कसने का उद्घोष।
मंसूबे बड़े हैं, सुनहरे ख्वाब हैं
दिल्ली में पले, बढ़े लालकिले को क्या मालूम
कि गाँव में सुबह-शाम लोटा लेकर खेतों की ओर जाने के कितने लाभ हैं।
जीव वैज्ञानिक, समाज वैज्ञानिक, मनोवैज्ञानिक कारण है
खेत में जाना समस्या नहीं अपितु अनेक समस्याओं का अहिंसक निवारण है।

वेस्ट में से बेस्ट निकालने का यह कारगर उपाय भारत की महान सभ्यता एवं

गौरवशाली संस्कृति का अनुपम उदाहरण है।

ब्रह्म मुहूर्त में,
जब गाँव के लोग सामुहिक रूप से बोलते बतियाते एक ही लक्ष्य का संधान करने
खेतों की ओर जाते हैं
तब पेट के साथ-साथ मन भी हल्का कर लाते हैं।
नकारात्मकता से दूर स्वयं को सकारात्मकता से लेते हैं भर।
इसीलिए गाँव में न डिप्रेशन होता है, न एंजाइटी, न ब्लड प्रेशर।
भोर के वातावरण में ऑक्सीजन लेवल होता है हाई।
ऐसे में फेफड़ों की भी हो जाती है सफ़ाई।
शीतल, मन्द, सुगन्धित हवा से मूड एकदम फ्रेश हो जाता है
तभी तो सुबह-शाम खेत की ओर जाना भोले-भाले ग्रामीणों को भाता है।
खेत की ओर कूच करने के फायदे ही फायदे हैं
शहरों से अलग गाँवों के रीति रिवाज और कानून-कायदे हैं
सामाजिक सरोकार बने रहते हैं। रिश्तों की ओवर ऑयलिंग हो जाती है
मिल जाती है मॉर्निंग, इवनिंग वॉक के साथ हँसी ठहाकों की भरपूर डोज़
वो भी मुफ़्त। प्रतिदिन, हर रोज़
लालकिले को अपने लालकिला होने का बड़ा दम्भ है
ये ठेठ शहरी क्या जाने
खेत में बैठना ग्रामीण साझा संस्कृति का आधार स्तम्भ है।
हमें बिलकुल नहीं भाती है
घर-घर में शौचालय बनवाने की अपील से
डिवाइड एंड रूल की बू आती है
जब देखो, जिसे देखो, एक ही बात बार-बार
टीवी हो, रेडियो हो या अखबार
शौचालय बनवाओ, शौचालय बनवाओ
गज़ब है साहब
जहाँ खाने को नहीं हैं दाने
वहाँ भी निकले हैं शौचालय बनवाने
हमारी स्वतंत्रता पर शौचालय का शिकंजा कसने की अपील
उस पर ताबूत में आखिरी कील
दरवाजा बन्द करो, दरवाजा बन्द करो।

**

33. तीसरी लहर की तैयारी

जनता बहुत आज्ञाकारी है। जब राजा ने घोषणा की है कि तीसरी लहर आएगी तो वह कर्तव्य परायणता की भावनाओं में बहेगी। लहर के आने का मन न भी हो तब भी उसे येन-केन प्रकारेण लाकर रहेगी।

राजा ने तीसरी लहर की चेतावनी गाजे-बाजे के साथ जनता को दी। जनता उत्साहपूर्वक चेत गई। हर्षोल्लास के साथ लहर के स्वागत की तैयारियाँ करने लगी। उसने सोचा क्यों न लहर आने से पहले जल्दी-जल्दी आवश्यक कार्य निपटा लिए जाएँ। फिर इत्मिनान से लहर की आवभगत करेंगे। पहली दोनों लहरें असभ्य निकलीं। बिना बताए आ धमकीं। तीसरी लहर अपेक्षाकृत सभ्य है। इसने शालीन अतिथि की तरह अपने आने की पूर्व सूचना दी है। अत: इसके सत्कार की तैयारी अतिरिक्त रूप से करना जनता ने अपना जनतंत्रसिद्ध अधिकार समझा है।

वैसे भी हमारा देश परम्पराओं का देश है। 'अतिथि देवो भव' के भाव को जीने वाली जनता तीसरी लहर के स्वागत में कोई कसर नहीं छोड़ना चाहती। इसीलिए सारे निर्देशों को छोड़कर आवश्यक कार्य निपटाने में दिन-रात युद्ध स्तर पर लगी हुई है।

बच्चों के नामकरण, कर्ण छेदन, उष्टावण, मुंडन, यज्ञोपवीत, रोकना, सगाई, शादी, जचगी जल्दी-जल्दी सम्पन्न करने में जुटी जनता फुल एक्शन में है। वह बेतहाशा बाजार की तरफ भाग रही है। कम लोगों की अनुमति है तो क्या हुआ? रीति-रिवाज तो निभाने ही पड़ते हैं। कपड़े-लत्ते, गहने, मिठाई सब लगता ही है। बाजार जाए और चाट के चटखारे न ले ऐसा कभी होता है भला!

आपको क्या पता फूले हुए गोलगप्पे को मुँह में भरकर, ठेले वाले से दोने में अतिरिक्त पानी देने के लिए अधिकारपूर्वक घिघियाने में जो मज़ा है, वो तीनों लोकों का साम्राज्य पा लेने में भी नहीं है।

जनता बहुत आज्ञाकारी है। जब राजा ने घोषणा की है कि तीसरी लहर आएगी तो वह कर्तव्य परायणता की भावनाओं में बहेगी। लहर के आने का मन न भी हो तब भी उसे येन-केन प्रकारेण लाकर रहेगी।

जनता सामूहिक रूप से नमाज़ अदा करेगी, गले मिलकर ईद की मुबारकबाद देगी, श्रद्धापूर्वक धार्मिक स्थलों के दर्शन करने जाएगी, हर-हर महादेव का जयकारा लगाते हुए पिंडी पर जल चढ़ाएगी, पवित्र नदियों में मिल-जुलकर डुबकी लगाएगी।

जनता पहाड़ों का पहाड़ा पढ़ने कुल्लू मनाली, नैनीताल घूमेगी। माउंट आबू, माथेरान की ठण्डी वादियों में झूमेगी।

जनता मुस्तैद है। बिलकुल नहीं डरेगी। गली के नुक्कड़ों, चौराहों पर पानमसाले की पीक थूकते हुए नित्य प्रति घंटों तक टीके पर टीका टिप्पणी करेगी।

मान न मान मैं तेरा मेहमान।

जनता सामाजिक सरोकारों का

भी रखेगी पूरा ध्यान।

तीसरी लहर आने से पहले प्रत्येक लोकाचार निभाएगी। निकट से लेकर दूर तक के सभी रिश्तेदारों, मित्रों, हितैषियों के साथ सैल्फी खींचकर सोशल मीडिया पर सबसे पहले, सबसे तेज़ पोस्ट करने का वर्ल्ड रिकॉर्ड बनाएगी।

वो तो ओलम्पिक में नियम कायदे ताक में रखने की प्रतियोगिता शामिल नहीं की गई। वरना सारे हेकड़ीबाज देशों का भाग्य घोड़े बेचकर सोता। स्वर्ण, रजत, कांस्य, लौह, चर्म, प्रस्तर आदि सभी पदकों पर हमारा ही अधिकार होता।

जनता तो जनता है। मनों काम मिनटों में निपटाने के चक्कर में चकरघिन्न हुई जाती है। ऐसे में भोली-भाली जनता को कहाँ याद रहता है साबुन से हाथ धोना, सब्जियाँ पानी में भिगोना, सेनेटाइजर को हथेलियों पर मलना, जहाँ तक हो सके घर से बाहर नहीं निकलना, नाक और मुँह पर मास्क चढ़ाना, बेमतलब की भीड़ नहीं बढ़ाना। ऐसे ही फालतू निर्देश हैं तमाम। वैसे भी सेल्फी के शौकीनों को सोशल डिस्टेंसिग से क्या काम?

अब तो बस तीसरी लहर के आने की ही बारी है।

जनता की ओर से उसका शानदार स्वागत करने की जानलेवा तैयारी है।

**

|| शुभकामनाएँ ||

अर्थवान दस्तावेज है "ओत्तेरेकी"

'व्यंग्य का वायरस' डॉ कीर्ति काले के व्यंग्य आलेखों का मात्र प्रथम संकलन ही नहीं है, मैं इसे व्यंग्य का अर्थवान दस्तावेज भी मानता हूँ।

लंबे अरसे से काव्य मंचो पर अपनी उपस्थिति दर्ज करा चुकी डॉ. कीर्ति काले यों तो किसी परिचय की मोहताज नही हैं लेकिन गद्य व्यंग्य लेखन को जिस दृढ़ता से उकेरा है वह आश्वस्ति का परिचायक है। उनमें सहज व्यंग्य लिखने की अद्भुत क्षमता है। रोचकता है। उनकी लेखिनी केवल विसंगतियों को रेखांकित ही नहीं करती, अपने मुहावरों से शब्द- शक्ति को व्यंजित भी करती है। यही उनके व्यंग्य लेखन का वैशिष्ट्य है।

व्यंग्य में दुराग्रह के लिए जगह नहीं है। व्यंग्य साग्रही होता है। इसलिए कीर्ति का व्यंग्य लेखन यथा स्थिति के धुंधलके से निकालने के लिये शब्दों के आयतन से लबरेज़ है।

व्यंग्य संकट के समय की विधा है। सामान्य स्थितियों में हम अन्य विधाओं में अपनी बात लिख या कह सकते हैं लेकिन जब विसंगतियां चुनौती देने लगे तो व्यंग्य हथियार बन जाता है। हम सांप को मारते हैं और लाठी बचाने में भी कामयाब रहते है, व्यंग्य की यही सफलता है। डॉ. कीर्ति काले की भाषा शिल्प और संवेदना को साथ लेकर चलती है। और इस प्रक्रिया में करुणा की अंतर्धारा का प्रवाह भी है। साहित्यिक गरिमा को बनाये रखते हुए उनके व्यंग्य लेखन से हम आशान्वित हैं और आश्वस्त भी।

कीर्ति काले को पढ़ने के दौरान एक ऐसे शल्य चिकित्सक की अनुभूति होती है जो मुस्कराते हुए बड़े से बड़ा ऑपरेशन बेहिचिक कर डालता है। व्यंग्य लेखन के क्षेत्र में उन्होंने व्यंग्य की गायनोलॉजिस्ट जैसा काम कर दिखाया है। यही उनकी दोहरी भूमिका का राज़ है।

-अनूप श्रीवास्तव

वरिष्ठ व्यंग्यकार एवं व्यंग्य की सर्वाधिक प्रतिष्ठित मासिक पत्रिका "अट्टहास" के सम्पादक, लखनऊ, उत्तर प्रदेश

डॉ. कीर्ति काले के व्यंग्य सृजनकारी है

एकै साधे सब सधे,सब साधे सब जाय

डॉ. कीर्ति काले ने इस कहावत को झूठा साबित कर दिया है क्योंकि उन्होंने जो-जो किया उसे सफलतापूर्वक उत्कर्ष पर पहुँचाया। कवि सम्मेलनों की शीर्ष कवयित्री डॉ. कीर्ति काले ने गीत, नवगीत, .गजल, .मुक्तक, छन्द आदि कविता की विविध विधाओं में, विविध रसों में लिखा और मंच पर सुनाकर श्रोताओं की वाहवाही लूटी। अब गद्य में, वो भी गद्य व्यंग्य विधा में अपने निरन्तर धारदार उत्कृष्ट लेखन से यश प्राप्त कर रही हैं।

आज के समय में व्यंग्य लेखन करना तलवार की धार पर चलने जैसा है क्योंकि लोग बात-बात में बुरा मान जाते हैं। डॉ. कीर्ति का व्यंग्य लेखन सृजनकारी है, संहारकारी नहीं है। कीर्ति काले ने व्यंग्य को औजार बनाया है, हथियार नहीं। इसीलिए इनके व्यंग्य लेख सर्वग्राह्यी हैं। चेतावनी देते हैं, चिकोटी काटते हैं, चोट करते हैं, लेकिन विध्वंस नहीं करते अपितु स्मित हास्य के साथ विषय के मूल बिन्दु पर ध्यानाकर्षित करते हैं। प्रवृत्तिमूलक होने के कारण प्रस्तुत पुस्तक में संग्रहित व्यंग्य लेख कभी पुराने नहीं होंगे। मेरी हार्दिक शुभकामनाएँ।

-सुरेन्द्र शर्मा,
हास्य-व्यंग्य कवि,
नई दिल्ली

\

एकदम नया और निराला अंदाज़

'ओत्तेरेकी! हम तो कन्फ्यूज़िया गए हैं!

ठहाकों की ओवरडोज़। मंच है टंच। पीड़ा मुख्य अतिथियों की। बुफ़ेबाज़, गिरगिट के भी बाप! काश हम कुत्ते होते। गुरु घण्टाल बनाम गिद्ध। कोरोना का सरकारीकरण और कवि-कलाकार। हाइजीन मंच वर्सेज़ चश्मा साहित्य। मुंह बंद रखने का मेहनताना साहब! हम कबीर के वंशज हैं। पुरस्कार पाने के शर्तिया फॉर्मूले। सम्मान दो सम्मान लो! ओफ़्फोह!

ओफ़्फोह!

शिक्षा का हाँका। न्यू अर्वाचीन ग्लोबल स्कूल। ऑफ-सीज़न का औचक निरीक्षण। शिक्षा का स्मार्टीकरण बनाम फजीहतीकरण। रोज़गार का बाज़ार—धरना! स्वतंत्रता दिवस, चाय पकौड़े और देशभक्त बुद्धिजीवी! अखिल भारतीय प्रगतिशील महिला सम्मेलन। फेसबुक अवॉर्ड! आएं हाएं! ये शोक सभाएं! ओत्तेरेकी! हम तो कन्फ्यूज़िया गए हैं'!

इस व्यंग्य-संग्रह का अंदाज़ एकदम नया और निराला है। मैंने भी संग्रह के स्वागत में उसके ही शीर्षकों को उलटफेर के साथ बिछा डाला है। व्यंग्य जीवन की उलटफेर को दिखाने के लिए शब्दों की उलटफेर ही तो है। शब्द-कोश में सारे शब्द अकारादि क्रम में निष्प्राण, निर्जीव और निःशब्द पड़े रहते हैं। उनमें प्राण फूंकता है उलटफेर और क्रमहीनता में शब्दों के उद्देश्यपूर्ण भावात्मक साहचर्य का व्यंग्यार्थ। मैं इस नए शब्दावतार में डॉ. कीर्ति काले का हार्दिक अभिनंदन करता हूं और आपको सौंपता हूं उनका यह पहला व्यंग्य-संग्रह— "ओत्तेरेकी"।

-अशोक चक्रधर

प्रसिद्ध व्यंग्य कवि एवं साहित्यकार

नई दिल्ली

व्यंग्य के ओवर स्टॉकों के बीच अपनी एक अलग क्यारी खोदी है

डॉ. कीर्ति काले का प्रथम व्यंग्य संग्रह मुझे सुखद आश्चर्य से भर गया। किसी युवा लेखिका के प्रथम संग्रह से जितनी अपेक्षाएँ की जा सकती हैं यदि वे लगभग पूरी हो रही हों तो एक आश्वस्ति भी मिलती है और उम्मीद भी जुड़ती है।

शीर्षकों से क्रमवार गुज़रते ही उनके व्यंग्यों के ध्वन्यार्थ प्रकट होते चलते हैं। यथा -

रोजगार का बाजार, मंच वर्सेस साहित्य, फेसबुक अवार्ड, ठहाकों की ओवरडोज, बुफेबाज़, ऑफ सीजन का औचक निरीक्षण, मुँह बन्द रखने का मेहनताना आदि आती हुई परिपाटी से अलग कुछ गार्डन फ्रेश ताज़गी हमें देते हैं। इतनी प्रभूत मात्रा में लिखे जा रहे व्यंग्य के ओवर स्टॉकों के बीच अपनी एक अलग क्यारी खोद पाना आसान नहीं है। ये तभी सम्भव है जब आप में विद्रूप में पैठने, कटाक्ष को समझने और विनोद परिहास को सही मात्रा में प्रयोग में लाने की जन्मजात प्रतिभा हो।

निश्चित रूप से कीर्ति की यह प्रकृति भी है और उनका अर्जित भी। सम्भवतः इसीलिए उनकी व्यंग्य रचनाओं में निर्बाध रवानगी है और साथ ही सुरुचिपूर्ण चमत्कार की नक्काशी भी है।

"सफलता की सीढ़ी भीड़ के कन्धों पर खड़ी होती है" या "पहले भीड़ जुटाने का सामान बनो, बाद में भीड़ को ही धुनो" जैसी पंक्तियां या जैसे पंच कहीं से भी उधारी के नहीं लगते न ही सायास लगते हैं।

रोजगार के बाज़ार की ही कुछ पंक्तियां लें तो इतनी विशेषताओं से युक्त धरना देने, दंगा भड़काने, रेल में रूमाल बिछाकर बर्थ रिजर्व कराने के रोजगार, कवि सम्मेलन में कवियों के लिफाफों में से नोट निकालने का रोजगार, लाशों के गले से चेन और उंगलियों

से अंगूठियाँ निकालने का रोजगार, ऑपरेशन करते हुए मरीज़ की किडनी निकालने तक की किस्में सुझाई गई हैं। बहरहाल एक प्रलम्ब सूची है ऐसे स्वत:सिद्ध धड़ल्ले से चलते रोजगारों की।

कीर्ति मंचसिद्ध कवयित्री हैं लेकिन प्रस्तुत संग्रह की रचनाएं मंचीय तकनीक और शिल्प शैली से सर्वथा पृथक, पढ़ी जाने वाली गम्भीर व्यंग्य रचनाओं के निकष पर खरी उतरती हैं।

कीर्ति जी का यह संग्रह पाठकों के लिए व्यंग्य की एक नई सौगात साबित हो इसी उम्मीद और शुभेच्छाओं के साथ

-सूर्यबाला

वरिष्ठ व्यंग्यकार, मुम्बई, महाराष्ट्र

प्रख्यात कवि के सशक्त व्यंग्य

व्यंग्य लेखन तलवार की धार पर चलने के समान है। जरा सा संतुलन बिगड़ा कि दुर्घटना होने की पूरी आशंका होती है। थोड़ा सा इधर-उधर होते ही व्यंग्य को परिहास या उपहास होने में देर नहीं लगती। डॉ. कीर्ति काले जी को मैं एक सिद्धहस्त लोकप्रिय कवयित्री के रूप में जानता था। पिछले दिनों सोशल मीडिया पर उनके व्यंग्य लेख पढ़कर सुखद आश्चर्य हुआ। व्यंग्य लेख जब सिलसिलेवार प्रकाशित होने लगे तब आश्चर्य आश्वस्ति में परिवर्तित होता गया।

सधी हुई भाषा में लिखे गए डॉ. कीर्ति के व्यंग्य लेख व्यंग्य की चलती हुई परिपाटी से भिन्न मौलिक ताज़गी लिए हुए हैं। सर्वप्रथम व्यंग्य लेखों के अलग से शीर्षक ध्यान आकर्षित करते हैं। प्रत्येक व्यंग्य की शैली भिन्न है। चूँकि डॉ. कीर्ति काव्यमंचों की अनुभवी कवयित्री हैं इसलिए वे पाठक एवं श्रोता की नब्ज़ पहचानती हैं। मेरी दृष्टि से इनके व्यंग्यों की सबसे बड़ी विशेषता यह है कि ये रोचक, रोमांचक एवं रससिक्त हैं। गम्भीर से गम्भीर विषय पर गहरा कटाक्ष करते हुए भी ये व्यंग्य रूखे नहीं होते। शब्दों के माध्यम से डॉ. कीर्ति व्यंग्य कथा का पूरा दृश्य उपस्थित कर देती हैं।

उनके व्यंग्य व्यक्तिगत नहीं है उसमें वह परिवेश है जिसमें हम सब बड़े हुए हैं। बेरोज़गारी, नकलचीपन, निजी मीडिया की टी.आर.पी. रेस, शब्दों के खोते अर्थ, समाप्त होती संवेदनाएँ और इन सबके बीच आत्म को तलाशता व्यक्ति। इस रोचकता में गंभीर प्रश्न निहित हैं। यह प्रश्न वर्तमान समय के शोर-गुल और आपाधापी में जीवन को सही, प्रासंगिक और गहरे अर्थ देते हैं। यह उनकी मात्र व्यंग्य की पुस्तक नहीं बल्कि उसके माध्यम से जीवन के व्यापक अर्थों की तलाश है। उनका परिप्रेक्ष्य कवि सम्मेलन के स्थूल हास्य, हँसी के लटकों-झटकों तक सीमित नहीं है, यह पुस्तक उनके द्वारा जीवन के विभिन्न

आयामों को पहचानने और गंभीरता से परंतु रोचक रूप से अभिव्यक्त करने का महत्वपूर्ण पड़ाव है।

पुस्तक प्रकाशन से पूर्व ही डॉ. कीर्ति काले के व्यंग्य आशातीत यश प्राप्त कर चुके हैं। यह व्यंग्य संकलन भी यशस्वी होगा ऐसा मुझे विश्वास है। मेरी हार्दिक मंगलकामनाएँ।

-अनिल जोशी
व्यंग्यकार एवं
उपाध्यक्ष, केंद्रीय हिंदी शिक्षण मंडल,
शिक्षा मंत्रालय, भारत सरकार

व्यंग्य एक वैक्सीन चुंबकत्व से भरा अहसास

यह अंधविश्वास कि महिला व्यंग्य के टेढ़े-मेढ़े रास्ते पर नहीं चल सकती, इस मिथक को तोड़ती उसकी कलम सरपट दौड़ रही है। डॉ. कीर्ति काले ऐसी ही व्यवहार कुशल, साहित्य मर्मज्ञ महिला के नाम को सार्थक करती हैं। हमारा सदियों पुराना इतिहास भी इसी नारी शक्ति और समानता की बात का पक्षपाती रहा है।

"ओत्तेरेकी" कीर्ति जी का पहला व्यंग्य संग्रह है। हर एक के लिए पहली प्रकाशित कृति पहली संतान की तरह रचनाकार को पूर्णता प्रदान करती है। इसके लिए लेखिका बधाई की पात्र हैं। इसमें 33 व्यंग्य रचनाएँ शामिल है। रचनाओं को पढ़कर आभास हो रहा है कि कविता लिखते-लिखते कलम इतनी धारदार हो गई है जिसकी छाप गद्य व्यंग्य संग्रह में स्पष्ट है। भाषा शैली, शब्द चयन और विषय की रवागनी प्रभावपूर्ण है। इस संग्रह में संग्रहित सभी लेखों में वर्तमान समस्याओं को ही उठाया गया है अतः पाठक को बांधने में सफल होंगी।

इन्हीं शब्दों के साथ मैं डॉ. कीर्ति काले जी को बधाई और शुभकामनाएँ देती हूँ कि उनका यह व्यंग्य संग्रह पाठकों को पसंद आयेगा। साथ ही व्यंग्य साहित्य जगत में अपनी उपस्थिति दर्ज करवाएगा।

एक बार पुनः शुभकामनाएं इस आशा के साथ कि आपकी यह व्यंग्य यात्रा लेखन जगत में और भी नए आयाम गढ़ेगी।

धन्यवाद

-डॉ. स्नेहलता पाठक

वरिष्ठ व्यंग्यकार, रायपुर, छत्तीसगढ़

मो.:- 9406351567

भावना और बुद्धि का सम्मिश्रण हैं डॉ. कीर्ति काले के व्यंग्य

भावना और बुद्धि का सम्मिश्रण हैं, डॉ. कीर्ति काले। इसीलिए अभिधा और लक्षणा के साथ व्यंजना पर उनकी अद्भुत पकड़ है। उनके तैतीस व्यंग्य लेखों का यह गुलदस्ता जीवन के हर पहलू को समेटे हुए है। कई लेख बहुत तीखे और मारक है जो व्यंग्य के लिए अपरिहार्य शर्त है।

व्यंग्यकार एक तरह का निर्भीक सोशल ऐक्टिविस्ट भी होता है जो रुग्ण समाज की नब्ज पर हाथ रखते हुये व्यंग्य की कड़वी दवा पिला सके। मुझे इस संग्रह को पढ़कर यह लगता हैं कि व्यंग्यकार अपने इस दायित्व –बोध से भी परिचित है। व्यंग्यलेखों को जहां एक ओर भावमय उत्ताल तरंगे स्पर्श करती हैं वहीं दूसरी ओर व्यंग्य की प्रखरता को वे उतनी ही मजबूती से पकड़ती हैं लेकिन सम्यक संतुलन के साथ। उनके व्यंग्य आलेखों को पढ़ने के बाद ईमानदारी से कह सकता हूँ ऐसे विनम्र व्यंग्य आलेख मैंने बहुत दिनों बाद पढ़े। उनके व्यंग्य संकलन के सारे के सारे आलेखों को व्यंग्य के अजातशत्रु कहा जा सकता है। अतः उनके इस संग्रह से व्यंग्य-विधा समृद्ध होगी, ऐसा मेरा निश्चित मत है। उनकी भाषा सरल और सुग्राह्य है जो व्यंग्य के सम्प्रेषण हेतु एक अनिवार्यता है। उनके अन्दर सृजनक्षमता का अकूत सागर हिलोरे ले रहा है। आशा है भविष्य में उनके कई व्यंग्य-संग्रह हम पढ़ पाएंगे। मुझे आशा है व्यंग्य-जगत में इस संग्रह का अपेक्षित स्वागत किया जायेगा। उनके प्रस्तुत व्यंग्य-संग्रह "ओत्तेरेकी" के प्रकाशन के अवसर पर मैं डॉ. कीर्ति काले को हार्दिक बधाई देता हूँ और इस संग्रह की सफलता के लिए शुभकामनाएं प्रेषित करता हूँ।

-रामकिशोर उपाध्याय

वरिष्ठ व्यंग्यकार, नई दिल्ली -110078

मो. - 9354174664

झझकोरने वाली दस्तक

ऐसा कम ही होता है कि व्यंग्य लेखन के क्षेत्र में दस्तक देते ही कोई कलम न केवल ध्यानाकर्षण करे बल्कि अपनी पहचान भी बनाना शुरू कर दे। ये कीर्ति, कीर्ति काले के खाते में तेजी से एकत्रित होती नजर आ रही है जो साथियों, शुभचिंतकों और व्यंग्य साहित्य, तीनों के लिए सुखद अनुभूति है। कीर्ति का पहला व्यंग्य संग्रह आने से पहले ही रचनाओं ने विभिन्न माध्यमों से पाठकों तक पहुँच कर अपनी पैठ बनानी शुरू कर दी है। मंचों से सरोकार होने की वजह से मैं कीर्ति की कलम यात्रा का शुरुआती दौर से गवाह रहा हूँ। अपनी अलग शैली, सोच, सरलता और लगन के चलते कीर्ति ने कवि सम्मेलनों की दुनिया में सधे कदमों से अपना एक उल्लेखनीय स्थान बनाया है। वही बात कीर्ति के व्यंग्य लेखन के इस दौर में भी झलक रही है। मंचों ने जहाँ कीर्ति को लोकप्रियता दी, वहीं देश-विदेश की यात्राओं के माध्यम से बहुत कुछ सीखने और समझने का सुअवसर भी दिया। ये संग्रह उन्ही अनुभवों और आकलन का निचोड़ है वर्ना सम्मान दो, सम्मान लो, मंच वर्सेस साहित्य, आए हुए ये शोक सभाएं, ठहाकों की ओवरडोज, मंच है टंच, बुध्दिजीवी और मुँह बंद रखने का मेहनताना जैसी रचनाओं का जन्म नहीं हो पाता। कई लोकप्रिय लेखकों की रचनाओं के शीर्षक ही पूरा लेख पढ़ने की जिज्ञासा पैदा करते हैं। रोजगार का बाजार, शिक्षा का सरकारीकरण बनाम फर्जीकरण, फेसबुक अवार्ड, शिक्षा का हांका, गिरगिट के भी बाप, धरना जैसे शीर्षक उनमें शामिल हैं। कमोबेश सारी 28 रचनाएं व्यंग्य की जरूरी शर्तों रोचकता, बाँधे रहना, चौंकाना और चेताना को पूरा करती हैं। जिस तरह कीर्ति की मंचीय रचनाओं ने अपनी अलग भाषा-शैली और कहन के दम पर अपनी अलग पहचान बनाई है उसी तरह ये व्यंग्य रचनाएं भी पाठकों के स्नेह की भागी बनेगीं इसमें कोई संशय नहीं है। कीर्ति के इस नए अवतार का सभी को खुले दिल से स्वागत करना चाहिए। मुझ जैसे सैकड़ों हास्य-व्यंग्य के विद्यार्थियों और पुराने साथियों का स्नेह और शुभकामनाएं तो सदा कीर्ति के साथ थीं, हैं और रहेंगी।

-सुभाष काबरा

वरिष्ठ कवि एवं व्यंग्यकार, मुम्बई, महाराष्ट्र।

जीवंत, रंजक और सरस् व्यंग्य

व्यंग्यकार काले की सबसे बड़ी विशेषता यह है कि उन्होंने अपनी मौलिकता का पूरा ध्यान रखा है। उनके पास व्यंग्य की अपनी गढ़ी गई भाषा और शैली भी है, जिसके सहारे वे समाज के विभिन्न क्षेत्रों पर व्यंग्य- प्रहार करती हैं। फिर चाहे वह मंच हो, शिक्षा जगत हो, फेसबुक हो, पाखंडी लोग हों, नकली बुद्धिजीवी हों या फिर पुरस्कारों को हथियाने वाले चालाक लोग। इन सब पर कीर्ति ने जबरदस्त प्रहार किये हैं। इन तमाम व्यंग्यों की विशेषता यह है कि ये जड़ या निष्प्राण नहीं हैं। इनमें जीवंतता है। सरसता है। रंजकता भी है। जिसे हम मीठी मार कहते हैं, वह परिलक्षित होती है। कोई भी व्यंग्य तभी पठनीय बनता है, जब वह सरस् भी हो। एक सफल व्यंग्य में रंजकता होती है। करुणा की अंतरधारा तो प्रवहमान रहती ही है, मगर वह पाठक को विचलित भी करता है। व्यंग्य का कंटेंट केवल कंटेंट नहीं होता, वह पाठक को सोचने पर भी विवश करता है। जो व्यंग्य केवल मनोविनोद के साथ ही खत्म हो जाता है, वह व्यंग्य साहित्य की श्रेणी में नहीं रखा जा सकता। मगर जो व्यंग्य पाठक को चिंतन के लिए बाध्य करता है, उद्वेलित करता है, दरअसल वही साहित्य के निकष पर खरा उतरता है। इस दृष्टि से कीर्ति काले के व्यंग्य मुझे सार्थक हस्तक्षेप लगते हैं।

-गिरीश पंकज

वरिष्ठ व्यंग्यकार,

रायपुर, छत्तीसगढ़

कंटीले व्यंग्य पथ पर स्वागत है

कीर्ति काले की रचनाओं को पढ़ा तो आश्वस्त हुआ कि उनके अंदर विसंगतियों को पकड़ने की क्षमता है। उनके पास हास्य व्यंग्य की भाषा भी है जो न केवल परिस्थितिजन्य हास्य व्यंग्य उत्पन्न करती है अपितु भाषा की आंलकारिक शक्ति का प्रयोग भी करती है। कंटीले व्यंग्य पथ पर स्वागत है।

मेरी शुभकामनाएं।

-प्रेम जनमेजय

वरिष्ठ व्यंग्यकार एवं सम्पादक व्यंग्य- यात्रा

नई दिल्ली

पैनी नजर

डॉ. कीर्ति काले मंच की सिद्ध-हस्त और सिद्ध-कंठ कलाकार हैं, सिद्ध-कंठ इसलिए कि वह कई लोकप्रिय गीतों की रचनाकार और प्रस्तुतकर्ता हैं। डॉ. काले अब अपना पहला व्यंग्य संग्रह लेकर आयी हैं, व्यंग्य-लोक में उनका स्वागत है। डॉ. काले के पास अनुभवों के भंडार है, और उन अनुभवों में संवेदनशील चिंतन जुड़ जाये, तो व्यंग्य निकल आता है। डॉ. काले के इस संग्रह में हास्य और व्यंग्य दोनों ही है। डॉ. काले ने मंच से लेकर पुरस्कार तक और प्रगतिशील महिला सम्मेलन से लेकर कोरोना तक कलम चलायी है। डॉ. काले के पास एक सजग और पैनी दृष्टि है। गुरु घंटाल बनाम गिद्ध रचना में डॉ. काले जो कहती हैं, उसका आशय है कि बेटियों के जवान होते ही उन्हे समझाने सिखाने के लिए लुच्चों की एक विकट फौज हमारे समाज में है। डॉ. काले कड़वी सचाई लिखती हैं- लड़कों को ज्ञान प्राप्त करने के लिए गुरु खोजने पड़ते हैं, जबकि लड़कियों का उद्धार करने गुरु स्वयं अवतरित हो जाते हैं। गुरु घंटाल नहीं गिद्ध हैं ये, यूं रचनात्मकता के क्षेत्र में स्त्री और पुरुष का अंतर नहीं होता है, पर यह रचना स्त्री ही लिख सकती थी, पुरुष के वश में यह रचना लिखना नहीं था। डॉ. काले व्यंग्य-लोक में आयी हैं, तो रुकेंगी और इसे अपनी रचनाओं से समृद्ध करेंगी, ऐसी शुभकामना है।

-आलोक पुराणिक
व्यंग्यकार, नई दिल्ली

पठनीयता के स्तर पर प्रभावित करते हैं संग्रह के व्यंग्य

डॉ. कीर्ति काले का व्यंग्य में आगमन सुखद बयार की तरह है। मंच की सुविख्यात कवयित्री के रूप में उनकी पहचान समूचे देश में है और अब वह व्यंग्य विधा में भी अपना कौशल दिखाने पूरी शिद्दत एवं तैयारी के साथ पदार्पण कर रही हैं। वैसे व्यंग्य विधा में उनका प्रवेश अचानक नहीं है वह काफी अर्से से व्यंग्य लेखन कर रही हैं और उनकी रचनाएँ देश की प्रतिष्ठित पत्र-पत्रिकाओं में प्रकाशित होती रही हैं।

उनके पहले व्यंग्य संग्रह की रचनाओं से गुजरते हुए एक आश्वस्तिकर अनुभूति हो रही है। इस संग्रह में हमारे जीवन से गहरे से जुड़े विषयों से लेकर सोशल मीडिया की विसंगतियों, पुरस्कार प्रपंचों, कोरोना काल की पीड़ा, शोक सभाओं की विडम्बना और मुख्य अतिथियों के दर्द को समेटती हुई 33 रचनाएँ हैं जिनमें व्यंग्य की विविध शैलियों मसलन निबंध, कथा और फैंटैसी एवं विभिन्न औजारों जैसे कि विट, आयरनी व वक्रोक्ति का प्रभावी तथा कौशलपूर्ण उपयोग उनकी रचनाओं में दृष्टिगत होता है।

डॉ. काले की यह पहली व्यंग्य कृति है जिसमें उनके व्यापक अनुभवों, जीवन दृष्टि एवं व्यंग्य की सूक्ष्म समझ से पाठक का साक्षात्कार होता है जिसमें वह पठनीयता एवं चिंतन के स्तर पर प्रभावित करती हैं। आगे उनसे व्यंग्य विधा और समृद्ध होगी ऐसी अपेक्षा सहज रूप से की जा सकती है। शुभकामनाओं सहित ..

-अरुण अर्णव खरे

डी 1/35 दानिश नगर, होशंगाबाद रोड

भोपाल (म.प्र.) 462026

e mail: arunarnaw@gmail.com

Mob.:- 9893007744

चेतना जाग्रत करने वाले व्यंग्य

कीर्ति काले का अनुभव संसार विस्तृत है और उनकी दृष्टि तीक्ष्ण है। वे मन के अंदर झांक कर मानवीय दुर्बलताओं से रूबरू कराती हैं, वहीं सभी क्षेत्रों में व्याप्त विसंगतियों, विरोधाभासों, विषमताओं को भी पूरी तल्खी से रखती हैं। सास-बहू के रिश्ते हों या गुरु-शिष्य के रिश्ते, रईसों के बंगले में होती बूफेबाजी हो या फंक्शन बनी सेवन स्टार शोकसभाएँ। फेस से लेकर बुक तक फर्जी फेसबुक हो या गिरगिट की तरह टीवी चैनलों पर रंग बदलते लोग। कवि सम्मेलनों के नाम पर होने वाले कॉमेडी शो हों या मंचीय कवि। उनकी नजर से कोई नहीं बच पाया है। मंचीय कवियों को देख 'कविता मंच पर फूट-फूट कर रोने को विवश है।' ऐसे कवि 'चार लाइन की कविता पर चालीस पेज की समीक्षा' करवाकर महान बनने का भ्रम पालते हैं। कोरोना जैसी भयावह महामारी में चुनाव होने, चुनावी सभाएं-रैलियां होने, लाखों के गंगा स्नान करने की छूट किंतु साहित्यिक आयोजनों पर रोक जैसे ज्वलन्त मुद्दे भी कीर्ति जी की पैनी नजर में हैं।

डॉ. कीर्ति काले का यह व्यंग्य संग्रह हमें हमारे समय की विसंगतियों से रूबरू ही नहीं कराता वरन हममें चेतना जाग्रत कर सामाजिक सरोकारों से जोड़ता है। निश्चित ही इस व्यंग्य संग्रह का हिंदी साहित्य संसार में स्वागत होगा।

डॉ. कीर्ति काले को बहुत बधाई।

-बुलाकी शर्मा

साहित्य अकादमी द्वार पुरूस्कृत व्यंग्यकार

बीकानेर, राजस्थान

डॉ. कीर्ति काले: गीत मनोरम, व्यंग्य निराले

व्यंग्य की गुणवत्ता, पठनीयता और व्यंग्य विज़न के मामले में कीर्ति जी का लेखन अपने स्थाई स्वभाव के अनुरूप है यानि कि - तीक्ष्ण दृष्टि (डीप ऑब्जर्वेशन), सदाबहार उत्फुल्लता/ऊर्ज़ा तथा मौन को परिभाषित कर लेने की कला, साथ ही उनका व्यस्त कवयित्री होने के कारण व्यवहारिक ज्ञान का खूब होना। उन्हें किसी भी मन की उथल-पुथल को पढ़ना आता है, प्रगति के तथाकथित अग्रदूतों के मन में चल रही गड़बड़ियों को शब्दों में गढ़ना उन्हें आता है, ढोल में हो रही पोल को मढ़ना उन्हें आता है, मन की गहराई से दिखावे की ऊपरी सच्चाई तक चढ़ना उन्हें आता है और इसी गॉड गिफ्टेड टूलकिट पर सवार होकर व्यंग्य के चक्करों में पड़ना उन्हें आता है।

कीर्ति जी जब व्यंग्यकार डॉ. कीर्ति काले के रूप में आती हैं तो व्यंग्य का विषय कहीं से भी उठा सकती हैं और उठा भी लेती हैं।

यद्यपि मुझे आश्चर्य नहीं होता है कि देश की श्रेष्ठतम कवयित्री, कविसम्मेलन मंच संचालिका और एक प्रखर व मुखर वक्ता ने ये कमाल कैसे किया, क्योंकि मैं उनकी बहुआयामी प्रतिभा और उनके अद्भुत स्वभाव की वैराइटीज़ से पूर्वपरिचित हूँ, फ़िर भी ये कहूंगा कि डॉ. कीर्ति काले जी की मेधा गॉड गिफ्टेड है, वे माँ सरस्वती की ऑलमोस्ट सगी बेटी ही हैं। जब आप इनको पढ़ेंगे तो मेरा वादा और दावा है कि कई कई बार पढ़ेंगे, क्योंकि इनकी लेखन शैली व्यंग्य के पूर्व स्थापित मठों के किसी व्यंग्यकार से न तो मेल खाती है न ही कहन का अंदाज़ किसी से मिलता है। हाँ ये ज़रूर है कि कीर्ति जी के व्यंग्य ऐसे हैं जिसमें आप स्वयम को भी एक पात्र मानेंगे और कथ्य आपके आस-पास ही घटित

होने वाली स्थितियों की व्यंग्यात्मक गवाही देंगे और साथ ही आपके मन को रॉफेल भर भर आनंद भी पहुंचाएंगे।

अंततः मेरी समस्त शुभेच्छाएँ व बधाइयाँ डॉ. कीर्ति काले को व्यंग्य के इस दस्तावेज़ की जो मृत्यलोक में पाठकों को उच्चस्तरीय ऊर्ज़ा व हाईलेवेल ऑक्सीजन देगी और निश्चित रूप से पाठकों को मिलने वाला आनंद उनकी इम्युनिटी बढ़ाएगा। नमस्कार।

-मुकुल महान
व्यंग्यकार, लखनऊ

स्त्रीसशक्तिकरण का सशक्त दस्तावेज

व्यंग्य सत्यम, शिवम और सुंदरम की अभिव्यक्ति है। डॉ. कीर्ति काले ने गीत विधा को समाहित करते हुए व्यंग्य संरचना के माध्यम से सत्य को उद्घाटित करने का बीड़ा उठाया है, निश्चित ही स्तुत्य है। देर से ही सही कीर्ति जी निश्चय ही व्यंग्य के क्षेत्र में भी अपनी पताका फहराएंगी और यशस्वी होंगी। यह अद्भुत क्षमता बिरलों में ही होती है। कविता के क्षेत्र में अपने नाम का गुम्बद बांध चुकी कीर्ति का व्यंग्य संकलन स्त्री सशक्तिकरण का सशक्त दस्तावेज है। हर लेख आसपास बिखरे विषयों पर केंद्रित आनंद से जीता किसी बसंती हवा सा प्रतीत होता है।

शुभकामनाएं।

-डॉ. आभा सिंह

व्यंग्यकार, नागपुर, महाराष्ट्र

कीर्ति काले व्यंग्य संग्रह पर दो बात

कीर्ति काले के पास कविता रचना का विस्तृत अनुभव है जो समसामयिक घटनाओं पर उनके अंतर्मन के मंथन से प्रेरित होता है और यही तीक्ष्ण सधी दृष्टि तथा अनुभव इनके व्यंग्यों में परिलक्षित है। इनके व्यंग्यों के अर्थ में हमारे आसपास के परिवेश से उपजी सघन चेतना छिपी नज़र आती है जो यथार्थ और कल्पना दोनों के बीच सामंजस्य बनाती हुई पाठक और व्यंग्य के बीच विषय बोध का एक अदृश्य सेतु निर्माण करती है। विषयों का चुनाव जहाँ एक ओर गुदगुदाता है वही एक गंभीर विश्लेषण की दिशाएँ भी निर्धारित करता चलता है जो समाज और समय के सानिध्य में बिताये एक लम्बे अनुभव से ही सृजित हो सकता है। इनके लेखन में सहज सजगता और कल्पनाशीलता का मिश्रण इनकी गंभीर रचनाशीलता का उदाहरण है। परिवेशीय संवेदना बोध और लेखन शैली में सहज सूक्ष्म अभिव्यक्ति कीर्ति काले की विशेषता है।

शुभकामनाएं।

-भारती पाठक

लेखिका एवं समीक्षक,

अयोध्या, उत्तर प्रदेश

कविता से व्यंग्य लेखन तक

मुझे बेहद खुशी है कि हम दोनों का अस्तित्व एक ही शहर ग्वालियर से है। इसलिए खुशी दुगुनी है। जैसा कि वे मंच के धर्म को बेहतर जानती हैं इसलिए उन्होंने व्यंग्य लेखों की श्रृंखला में मंच और उसके आसपास के विषयों को बखूबी उठाया है। एक लेख में वे लिखती हैं- "वे वस्तुतः वस्तुवादी कवि हैं। जो-जो वस्तुएं उनके संपर्क में आती हैं वो-वो उनकी कविताओं के विषय बन जाती हैं"।

आगे एक जगह लिखती हैं- "सरकार पढ़ाने के अलावा हमसे सारे काम करवाती है। जनगणना करनी हो तो टीचर। इलेक्शन हो तो टीचर। आधार कार्ड बनाने से लेकर बच्चों को पोलियो ड्रॉप्स पिलाने तक सरकार को बस हम बेचारे टीचर ही दिखाई देते हैं।"

इसी तरह उन्होंने कई विषयों पर कलम चलाई है। लेख रोचक हैं। कीर्ति जी व्यंग्य लगातार लिखती रहें। आने वाले समय में उनके और व्यंग्य संग्रह नये विषयों के साथ आएं।

मेरी उन्हें ढेरों बधाई व शुभकामनाएं।

-समीक्षा तैलंग

व्यंग्यकार,

M. : 9637697550

snehal123ind@gmail.com

गद्य व्यंग्य की दुनिया में स्वागत है

मुझे ये जानकर अत्यंत प्रसन्नता हो रही है कि कीर्ति काले जी का प्रथम व्यंग्य संग्रह प्रकाशित हो रहा है। कीर्ति काले कविता की दुनिया का स्थापित नाम है। अब एक और विधा में अपनी कलम का जादू बिखेरने को तैयार हैं।

गद्य व्यंग्य की दुनिया में आपका ये प्रथम कदम सफल रहे और व्यंग्य की दुनिया में भी उतना ही नाम कमाए जितना काव्य की दुनिया में कमाया है।

आपकी पुस्तक के सफल प्रकाशन के लिए हार्दिक शुभकामनाएं प्रेषित करती हूं।

शुभकामना सहित....

-अर्चना चतुर्वेदी

व्यंग्यकार

नोएडा, उत्तर प्रदेश